Juegos de consciencia

Juega con tu mente para ser más feliz

Brian Tom O'Connor

Traducción de
Diego Merino Sancho

Copyright © 2011, 2016, 2018 de Brian O'Connor.
Todos los derechos reservados.

Traducción del inglés: Diego Merino Sancho
www.diegomerinotraducciones.com

Fotografía de contraportada: Josh Yu
Fotografía original de la portada: Filip Kominik (en Unsplash)
Diseño de portada: Brian O´Connor

Título original: *Awareness Games*

Publicado por Slippery Mind

ISBN-13: 978-0-692-08246-1

ISBN-10: 0-692-08246-8

www.playawarenessgames.com

*Para mis padres, Dan (que vive en nuestro recuerdo) y Lenka,
para el resto de sus hijos del alegre clan O´Connor:
Kevin, Darren, Glynnis y Sean
(ríen, cantan y ríen aún más, jo jo, je je, ja ja;
ríen y cantan sin parar, tralarí, tralará),
y para Josh, hijo honorario del clan.*

Índice

Juegos de consciencia 1
Cuestiones básicas sobre la consciencia 8
¿Qué es la consciencia? 10
Reglas para todos los juegos 13
LOS JUEGOS 17
    Expandir y contraer la consciencia 18
    El juego de (tu nombre) 19
    Ver a través de los ojos de los demás 20
    Consciencia errante 21
    ¿Podrías no ser consciente? 22
    Consciencia de la respiración 23
        Fíjate en la respiración 23
        Date cuenta de que percibes tu respiración 23
    El pasajero 24
    Nacido ayer 25
    Sin recuerdos / Sin imaginar 26
    Sin intención 27
    Juegos gemelos: Nada / Todo 28
    De fuera hacia dentro 30
        Sonidos externos e internos 30
        Imágenes externas e internas 30
        Sentir la música desde el interior 31
        Experiméntalo todo en tu interior 31
    De dentro hacia fuera 32
    Concentrar y expandir el foco de la atención 33
    El traga-tensiones 34
        Soltar la tensión 34
    Pintar las emociones 35
    Sin pensamientos 36
        El cerebro no verbal 36
        Borrar las palabras 37
        Sin pensamientos no hay pasado 37
        Sin historia 38
    Yo soy (puntos suspensivos) 39
    El tobogán del yo 40

Incluye, incluye, incluye 41
Arte abstracto 42
¿Dónde está ocurriendo esto? 43
    Los sonidos del silencio 43
    La pantalla de cine de tu mente 44
    La mente vacía 44
    El cuerpo en la inmensidad 44
    El Gran Yo y el pequeño yo 44
    El tiempo y el ahora 45
Existo 46
¿Cómo sé que...? 46
Tan solo sé 46
Juegos corporales 47
    El Gran Cuerpo 47
    La muñeca rusa 48
    ¿En qué parte del cuerpo...? 49
    ¿Quién tiene un cuerpo? 49
    Obsérvate 50
Intercambiar sujeto y objeto 51
Alternar entre los contenidos y el contexto 52
Pasar del primer plano al trasfondo 53
Sé como un espejo 54
Recolectar pensamientos 55
    El juego del lápiz 55
Piensa en lo que quieras excepto en el pasado y el futuro 56
    Pescar el futuro 57
    Capturar el pasado 57
Hacen lo mejor que pueden 58
Encuentra la consciencia 59
Partículas, ondas y cuerdas 60
Pensar en otros idiomas 61
Experimenta tu cara desde el interior 62
El juego del dedo 63
El juego del mal humor 64
    Los estados de ánimo son como niños 67
¿Qué es aqello que no requiere ningún esfuerzo? 68
    Pon la atención en la presencia sin esfuerzo 68
¿Qué es el pensamiento? 70
Percibir y experimentar 71

- ¿Quién está percibiendo eso?..71
  - Percibir sin palabras 71
  - ¿Quién está experimentando esto? 71
- Observa a los perros labradores 72
- Una mente resbaladiza 74
- El bloque sólido de la consciencia 75
  - La batidora...75
- Realidad real frente a realidad virtual 76
- Sé consciente del siguiente trance 77
- Cuatro juegos ultrasencillos...78
  - Intenta no hacerlo 78
  - El juego del «sí»...78
  - Simplemente no lo hagas 78
  - Sin pensamientos 78
- Juego para dos 79
- Libera el mundo 80
  - El día del juicio...80
  - El día del no-juicio 81
  - Perdona 81
- Eschumar 82
- El juego supremo 84

Consejos y trampas 86
Algunas reflexiones finales..90
Agradecimientos 93
Lecturas y vídeos recomendados..95

Juegos de consciencia

En cada uno de nosotros yace un pozo infinito de felicidad y alegría, y desde hace miles de años ha habido personas de muy diversas culturas que lo han conocido y han dado cuenta de él. Yo también me he topado con él en mi interior, por lo que creo que tú también puedes hacerlo. Apuesto a que todos podemos experimentarlo si sabemos dónde buscar y dónde no.

No se trata de algo que esté en el mundo exterior. No se encuentra en los pensamientos o los conceptos. No está en nada que podamos nombrar —lo que hace que sea un poco difícil de describir con palabras—, pero cualquiera puede experimentarlo con tan solo modificar ligeramente la dirección de su atención. Puedes sentirlo retirando el foco de tu atención de los contenidos de la consciencia y llevándolo a la consciencia misma. Por supuesto, es más fácil decirlo que hacerlo, por lo que hemos de encarar esta cuestión desde muchos enfoques distintos para ver cuál es el que funciona para nosotros. A veces, en lugar de abordarlo directamente, tenemos que hacerlo de forma tangencial, y en ocasiones el esfuerzo mismo que realizamos para tratar de verlo es lo que hace que permanezca oculto.

Cada uno ha de encontrar lo que funcione para él, porque este pozo de amor y alegría es un poco difícil de encontrar. De hecho, tenemos que ir probando y tanteando, tropezándonos con esto y con aquello, hasta que caigamos en él accidentalmente. No existe ningún mapa específico. Y ahí es donde entran los juegos, pues cuando jugamos a algo nos deshacemos de la idea de que únicamente algunas cosas pueden funcionar y otras no. Experimentamos, jugamos, nos tropezamos, con la esperanza razonable de que caigamos por accidente en este pozo, simplemente por el hecho de estar jugando en sus aledaños.

Y cuando finalmente nos topamos con él, comprendemos que no es algo que esté separado de nosotros, sino que *somos* nosotros. Podemos identificarnos con este puro fundamento del ser, y al hacerlo, descubrir que el amor y la alegría lo impregnan absolutamente todo, incluso el dolor. No es que desaparezca milagrosamente, sino que llegamos a entender el dolor como algo que también está *hecho de* amor, y esta visión transforma el modo en el que lo experimentamos.

Otra razón por la cual este ilimitado manantial de felicidad y amor es difícil de encontrar es porque es invisible para la parte de la mente que usamos a diario durante la mayor parte del tiempo —la que está especializada en buscar las diferencias que hay entre las cosas—, pero es visible para aquella otra parte que permite que existan todos los opuestos —la parte de la mente que no filtra ni establece categorías—. Se puede percibir dirigiendo la mirada hacia el interior y siendo consciente de la consciencia misma —es decir, siendo consciente de ese trasfondo puro, de esa pura subjetividad—.

La mente es el órgano de separación. Su función es analizar el entorno y distinguir entre lo bueno y lo malo, entre lo que nos ayuda a sobrevivir y lo que puede ser peligroso. Pero la mente no es más que una herramienta. No es quien somos. Es algo que usamos, algo de lo que somos conscientes, algo que sirve para fijarse en los objetos. De hecho, los pensamientos también son objetos. ¿Qué es consciente del pensamiento? ¿Dónde o en qué aparece? Eso es pura subjetividad.

Esto no es nada nuevo. Desde hace miles de años ha habido quienes se han tropezado con esto y han descrito su experiencia —casi de tantas formas distintas como personas han hablado de ello—, pero cuando oímos hablar de esto por primera vez ocurre algo muy curioso. La mente asume que es su tarea, que se trata de un problema que ha de resolver o dilucidar de algún modo. Pero lo cierto es que la mente es como un pez sediento que siempre está buscando agua, analizando su entorno para discernir qué es agua y qué no es agua, sin darse cuenta de que *todo* es agua. La mente no puede ver la consciencia pura porque, al igual que un pez en el agua, ya está inmersa *en* ella.

No obstante, la consciencia pura se puede conocer, pero solo cuando la mente se toma un descanso, cuando está distraída o se da por vencida. Es por eso que jugamos con ella. Jugamos con nuestra propia mente proponiéndole una serie de pequeños objetivos que cortocircuitan su actividad habitual de tratar de resolver las cosas.

Estos juegos no son como los Juegos Olímpicos, ni como los juegos de mesa, en los que hay ganadores y perdedores. Tampoco son los juegos a los que se refiere la teoría de juegos (por muy fascinante que esta pueda parecernos), ni juegos de competición (por muy divertidos que sean). Simplemente son formas lúdicas de eludir todas las formas en que la mente categoriza habitualmente el mundo exterior, y en su lugar, dirigirla hacia el interior para que busque su propia fuente. Jugar a estos juegos no es como jugar a un videojuego en el que hay que ganar puntos, destruir cosas y lograr ciertas cosas. Se parece más a cuando nos ponemos a jugar con algunos juguetes. En este caso, tus juguetes son tu mente y tu consciencia —tu ser más íntimo—. (Estuve tentado de llamar a este libro *Juega con tu Ser*, pero después me lo pensé mejor).

Todos estos juegos de consciencia tienen un único propósito: girar la mente 180° para que deje de estar enfocada en lo externo y se dirija hacia el interior para poder así encontrar ese oscuro pasadizo secreto que, en última instancia, nos conduce a la atención expandida. La deliciosa sorpresa que nos aguarda es que ese oscuro pasadizo secreto ha estado todo el tiempo escondido a simple vista.

¿Por qué juegos?

¿Por qué juegos? ¿Por qué no prácticas, técnicas, meditaciones, preguntas, *koans*, disciplinas, instrucciones?

Porque encontrar este pozo de alegría interior no es algo que conlleve establecer reglas, una serie de pasos reproducibles o un conjunto de respuestas correctas. Todos somos diferentes, por lo que hemos de experimentar (es decir, jugar) y descubrir qué es lo que funciona para nosotros. La mejor manera de hacerlo es con curiosidad inocente, con una actitud ligera, lúdica, alegre y relajada.

Porque para jugar a un juego no tenemos que creer en nada. Si trato de enseñarte algo, tu mente enseguida lo pasaría por un filtro verificador para comprobar si es cierto o no. «¿Será verdad? ¿No será verdad? ¿Será una estupidez?». En cambio, en un juego, todo esto da igual. Lo único que importa es lo que tú mismo vayas descubriendo a medida que juegues. No tienes que creer en ningún concepto metafísico, teológico, filosófico, religioso, espiritual o incluso científico. Tan solo tienes que probarlo.

Porque la corrección y la seriedad obstaculizan la búsqueda. En cierto sentido, ¡hasta buscar dificulta la búsqueda! ¿Cómo podemos buscar algo que ya está aquí, algo que ya tenemos? Y, sin embargo, olvidarse de todo esto y sentarse a ver la tele tampoco es la solución.

Y también porque me encanta pasármelo bien.

Así es que juega con tu consciencia como si fuese un juguete: hazla botar, retuércela, huélela, agítala, sumérgete en ella. Es posible que descubras que tú mismo *eres* eso. Pero no te limites a creer lo que digo: prueba a jugar por ti mismo.

¿Por qué yo?

¿Quién soy yo para escribir sobre la consciencia? No pretendo ser una persona iluminada. Simplemente soy un tipo que en el pasado ha tenido que afrontar mucho miedo, ansiedad, inhibición y depresión y que tomó la firme decisión de encontrar una alternativa al sufrimiento.

Por entonces, ya había tenido suficientes atisbos de lo que es la felicidad natural como para saber lo que estaba buscando. Aunque fueron fugaces y no podía reproducirlos a voluntad, recordar su sabor hacía que supiese qué buscar. Además, por el camino también conté con la guía y el asesoramiento de algunos maestros expertos, tanto en persona como a través de escritos y grabaciones.

Como la mayoría, probé muchas cosas, algunas de las cuales me resultaron útiles y otras no, pero comenzó a surgir un patrón entre los maestros y los escritores a los que acudía. Estuve vagando por entre un montón de callejones sin salida, salidas en falso e ideas puramente ilusorias, pero todos los materiales que me tocaban y resonaban en mi interior como verdaderos tenían ciertos elementos en común: no está ahí fuera, sino dentro de ti; no tiene que ver con controlar la experiencia, sino con la experiencia misma; se trata de un cambio de identidad que va de los contenidos de la consciencia a la consciencia misma; no se trata de lo que vemos, sino de aquello que ve.

Estos temas no dejaban de aparecer una y otra vez en distintos testimonios provenientes de épocas y culturas muy distintas —es decir, cuando dichos testimonios desprendían el genuino aroma de la verdad y de la experiencia de primera mano—.

Pero también me di cuenta de que no podía limitarme a tratar de llegar ahí pensando, creyendo lo que otros creían, o incluso siguiendo los pasos que otros habían prescrito. Lo único que podía hacer era experimentar conmigo mismo y encontrar mi propio camino. Todavía estoy inmerso en este proceso, y te invito a que te unas a mí.

Además, el solo hecho de poner estos juegos sobre el papel ya es suficiente para hacerme sentir esa sensación de estar «contento y feliz sin motivo aparente», que es precisamente la sensación que los juegos pretenden generar. Me ocurre lo mismo al hablarle de ellos a los demás (si están interesados). Así es que decidí no esperar a estar iluminado para jugar a estos juegos, registrarlos por escrito y compartirlos con los demás.

Por lo tanto, te invito a que los pruebes y a que crees los tuyos propios. Experimenta. Mira a ver qué es lo que funciona para ti. Siempre se trata de *tu* experiencia directa.

El uso de preguntas

Uno de los elementos básicos de todos los juegos son las preguntas. De hecho, es posible que te des cuenta de que prácticamente todos ellos están formados por preguntas. Entonces, ¿por qué llamarlos juegos? ¿Por qué no llamarlos simplemente preguntas sobre la consciencia? ¡Buena pregunta! Es porque su objetivo no es dar con una respuesta, sino hacer que la mirada se dirija al interior, y esto se consigue más fácilmente mediante una actitud alegre, juguetona, curiosa y experimental. Hacerse las preguntas es, en sí, el juego. El mero acto de cuestionarse las cosas que se proponen *es* lo que conforma el juego de la «consciencia-ción».

Muchas de estas preguntas son del tipo «¿qué ocurriría si...?» o «¿y si...?». Esta clase de preguntas no te piden que creas nada en concreto («esto es así», «esto es de este otro modo»), sino que tan solo esperan de ti que valores por unos instantes una posibilidad que puede que no hayas considerado antes. Si va en contra de todas las ideas, las creencias y los principios de tu mente, recuerda que tan solo se trata de un «¿y si...?» provisional y transitorio, y que en un momento podrás retomar la forma en la que crees que son las cosas. O no, quién sabe. No es más que un juego.

Cuestiones básicas sobre la consciencia

Todos los juegos son variaciones de tres preguntas básicas. Formúlatelas a ti mismo, prueba algunos de los juegos y después vuelve a formulártelas. Regresa a ellas siempre que te acuerdes. De hecho, si olvidas cómo jugar a cualquiera de los juegos —o si pierdes el libro, lo regalas, lo tiras o lo vendes en eBay—, simplemente acuérdate de hacerte a ti mismo estas tres preguntas:

1. ¿Qué hay *en* la consciencia?
2. ¿Qué *es* la consciencia?
3. ¿Qué es aquello que es *consciente*?

Veámoslas una por una.

1. ¿Qué hay en la consciencia? Esto simplemente significa: «¿De qué soy consciente? ¿Cuáles son los contenidos de la consciencia? ¿Qué imágenes, sonidos, olores, sensaciones, objetos, pensamientos y emociones flotan en mi campo de consciencia en un momento dado?». Haz un inventario de todo lo que aparezca en la consciencia: «Veamos, por un lado están todos los sonidos que se están produciendo fuera de esta habitación... está la brisa que siento en el rostro... la sensación de mi cuerpo en contacto con la ropa y la silla. También hay un cierto sabor dentro de mi boca... Hay formas, luces y colores que entran por mis ojos —o la oscuridad que hay detrás de mis párpados si los tengo cerrados—... Hay algunos pensamientos que me pasan fugazmente por la cabeza. Hay emociones que me recorren la mente y el cuerpo...».

2. ¿Qué es la consciencia? De acuerdo, ya sé *de qué* soy consciente, pero que *es* en realidad esto a lo que llamamos consciencia? Echa un vistazo. Obsérvala. Intenta encontrarla. Vuélvete consciente de ella —la consciencia que toma consciencia de la consciencia—.

3. ¿Qué es aquello que es consciente? ¿En quién o en qué aparece? ¿Quién o qué es el que lleva a cabo la «consciencia-ción»? ¿Puede ser mi cuerpo? Pero, soy consciente de mi cuerpo, por lo que no puede ser esto, ¿verdad? Entonces, ¿qué o quién es *consciente de* ese cuerpo? ¿Son mis pensamientos? Tampoco, porque también soy consciente de ellos, ¿cierto? Entonces, ¿qué o quién es *consciente de* esos pensamientos? Este es el cambio, la transformación, el «paso atrás», un pequeño giro que hace que pasemos de lo que se percibe a aquello que percibe.

Si tu respuesta a la pregunta: «¿Qué es aquello que es consciente?» resulta ser: «Yo», entonces, pregúntate: «¿Quién soy yo?». O, mejor aún: «¿Qué soy yo?». Luego continúa preguntándote las siguientes cuestiones del mismo modo que hemos hecho anteriormente: «¿Soy mi nombre? En ese caso, ¿quién tiene un nombre?». «¿Soy mi cuerpo? En ese caso, ¿quién tiene un cuerpo?». «¿Soy mis pensamientos? En ese caso, ¿quién tiene pensamientos».

La idea no es llegar a encontrar una respuesta, sino plantear cuestiones que puedan provocar un cambio de perspectiva que te haga llevar la atención del primer plano al trasfondo. Sé ese trasfondo y deja que el primer plano adopte la forma que quiera adoptar.

¿Qué es aquello que es consciente? La consciencia es consciente. Sé consciencia.

¿Qué es la consciencia?

A mucha gente el concepto de consciencia le resulta difícil de entender al principio. Cuando intentamos encontrarla, es posible que no sepamos muy bien qué es lo que estamos buscando. Así que comencemos definiendo lo que es la consciencia y, después, veamos lo que no es.

¿Qué es la consciencia?

La consciencia es lo que está percibiendo tu experiencia actual.
La consciencia es aquello en lo que aparece todo lo que te es posible percibir.
La consciencia es el hecho de percibir todo lo que puede ser percibido, incluido el propio hecho de percibir.
La consciencia es lo que no cambia mientras que todo lo demás en tu experiencia cambia.
La consciencia es el trasfondo de tu experiencia.
La consciencia es el trasfondo de todo lo que percibes, de todo aquello de lo que te das cuenta o eres consciente.
La consciencia es lo que está mirando.
La consciencia es lo que está oyendo.
La consciencia es aquello en lo que aparece el pensamiento.
La consciencia es aquello en lo que aparecen las sensaciones.
La consciencia es aquello en lo que aparecen las emociones.
La consciencia es aquello en lo que aparecen los sueños.
La consciencia es lo que nunca ha cambiado desde que eras un niño pequeño.
La consciencia es aquello a lo que te diriges cuando te preguntas: «¿Soy consciente?».
La consciencia eres tú.

¿La consciencia es una cosa?

En realidad no. Al igual que un espacio vacío, no tiene características propias. Al igual que una página en blanco, aún no tiene nada escrito. Al igual que un lienzo en blanco, aún no tiene nada pintado. Al igual que una cinta virgen, aún no tiene nada grabado.

Pero a diferencia de estos ejemplos, sigue estando vacía cuando algo aparece en su espacio; sigue estando en blanco cuando se escribe algo en ella; sigue estando en silencio cuando se graban sonidos en ella.

Pero ni siquiera es exactamente eso. No es un «eso», no es una «cosa». En realidad ni siquiera debería ser un sustantivo. Se parece más a un verbo... es más bien una «consciencia-ción».

¿Qué NO es la consciencia?

No es un estado especial que tengas que alcanzar. Ya está teniendo lugar, incluso si no te das cuenta de ello.

No es una experiencia mística o especial. Es simplemente la consciencia cotidiana, común y corriente; el simple darse cuenta, percibir o ser consciente de la experiencia.

No es algo que tengas que aprender a hacer. Ya se está haciendo por sí misma. Tú simplemente te das cuenta de ella.

No es un concepto.

¿A qué te refieres cuando hablas de los contenidos de la consciencia, en contraposición a la consciencia misma?

Contenidos:
- los objetos que ves
- los objetos que tocas
- los sonidos que oyes
- las sensaciones que sientes
- los pensamientos en tu cabeza
- las imágenes en tu cabeza
- las emociones que sientes
- los conceptos en los que piensas
- las ideas que tienes
- las demás personas

- tu cuerpo
- cualquier cosa que se te ocurra
- cualquier cosa que puedas percibir
- cualquier cosa que puedas ver, oír, saborear, oler o tocar

La consciencia misma:
- aquello en lo que aparece todo lo anterior

Reglas para todos los juegos

- Relájate.
- Ten curiosidad. Asume que es algo que no puedes saber a menos que lo examines por ti mismo.
- Si te distraes, simplemente lleva de nuevo delicadamente tu atención a la consciencia. No es necesario que te castigues; es algo que nos pasa a todos constantemente.
- Juega tan a menudo como te sea posible.
- Si disfrutas con largas sesiones de juego, genial, y si prefieres no jugar durante largos periodos de tiempo cada vez, prueba a jugar por periodos cortos varias veces a lo largo del día.
- Usa la menor cantidad de esfuerzo posible.
- No se trata de control, excepto por este levísimo cambio en la dirección de la atención —un ligero cambio de enfoque mientras que dejamos que todo lo demás siga tal y como está—.

Objetivos principales de los juegos

Todos los juegos tienen los mismos objetivos. Lo único que cambia de uno a otro es la forma de jugar. Estos objetivos principales son:

- Un cambio de enfoque consistente en retirar la atención de los objetos para llevarla al sujeto; de lo que es percibido a aquello que percibe.
- Soltar el control.
- Pasar del pensamiento verbal o conceptual a la experiencia directa.
- Consciencia sin esfuerzo, clara y como un espejo.

Un espejo no elige qué reflejar, no le hace falta realizar ningún esfuerzo para reflejar, no distorsiona ni interpreta lo que refleja, no afecta ni controla aquello que refleja, ni tampoco se ve afectado por ello. Así es la consciencia. Los juegos de consciencia no son más que formas de *ser* el espejo de tu experiencia.

¿Cómo sé si estoy jugando bien?

- ¿Te estás divirtiendo?
- ¿Sientes que algo dentro de ti se suelta, se relaja? ¿Una relajación de la tensión, una sensación de abandono, de dejar de agarrarte o aferrarte?
- ¿Esbozas una sonrisa involuntariamente?
- ¿Tienes una sensación de expansión, de espacio o de amplitud?
- ¿Empiezas a tener una ligera noción de que tal vez el mundo está en ti, en lugar de ser tú el que estás en el mundo?
- ¿Empiezas a tener la sensación de que aquello que estás buscando ya está aquí, dentro de ti? Ni siquiera dentro de ti, sino que en realidad es tú mismo.

Todas estas son pistas de que estás en el camino correcto, incluso si tan solo se da una de ellas (para mí una gran pista fue la de esbozar una sonrisa involuntaria).

Prueba algunos juegos, y si sientes que no coges el truco o que no los estás entendiendo bien, echa un vistazo al capítulo «Consejos y trampas» que está después de los juegos. Luego inténtalos de nuevo o prueba con algunos juegos diferentes. Lo único que necesitas en realidad es encontrar uno que funcione para ti.

Vamos a jugar.

¿Cómo sé si estoy jugando bien?

- ¿Te estás divirtiendo?
- ¿Sientes que algo dentro de ti se suelta, se relaja? ¿Una relajación de la tensión, una sensación de abandono, de dejar de aferrarte o aferrarse?
- ¿Esbozas una sonrisa involuntariamente?

LOS JUEGOS

Expandir y contraer la consciencia

- Contrae tu consciencia hasta que únicamente incluya una cosa —un dedo del pie, un pensamiento...—.

- Expándela para que vaya incluyendo cada vez más cosas de las que eres consciente.

- Juega con esta expansión y contracción: ¿hasta dónde eres capaz de contraerla?; ¿hasta dónde eres capaz de expandirla?; ¿a qué velocidad eres capaz de expandirla y contraerla? Vete alternando entre estos dos puntos. Entretente con ello. Juega con ello.

Solemos concebir la consciencia expandida como una especie de vago concepto de nueva era mística, pero de lo que estoy hablando aquí es, literalmente, de expandir y contraer la consciencia. Contráela hasta que únicamente incluya al flujo de tus pensamientos, y después expándela hasta que abarque toda la información que te llega a partir de todos los sentidos. Sigue incluyendo la corriente de pensamientos, pero fíjate en cómo esta se reduce en relación con todo lo demás de lo que eres consciente. Cuando hayas expandido tu consciencia tanto como te sea posible, incluye también a la consciencia misma.

Este es un muy buen juego para comenzar, porque no tiene como objetivo ningún resultado concreto. Su único propósito es que te hagas una idea de lo que es jugar con tu propia consciencia igual que lo harías con un juguete. Experimenta.

El juego de (tu nombre)

- Imagina que tus padres aún no te han dado un nombre. En ese caso, ¿quién eres tú?
- Después imagina que te dan un nombre pero no te dicen cuál es. ¿Cómo te afecta eso a ti? ¿Eres el mismo con o sin el nombre?
- ¿Qué pasaría si no tuvieses nombre?

Esta es una forma divertida de empezar a separar la consciencia de los conceptos. Después de todo, un nombre no es más que un concepto —una etiqueta, un identificador—. No es quien eres. Shakespeare (como siempre) lo expresó mucho mejor que yo:

> No eres tú mi enemigo.
> Es el nombre de Montesco que llevas.
> ¿Y qué quiere decir Montesco?
> No es pie ni mano ni brazo ni semblante
> ni pedazo alguno de la naturaleza humana.
> Oh, ¿por qué no tomas otro nombre?
> La rosa no dejaría de ser rosa
> ni de esparcir su aroma
> aunque se llamase de otro modo.
> De igual suerte, mi querido Romeo,
> aunque tuvieses otro nombre,
> conservarías todas las buenas cualidades de tu alma,
> las cuales no te han sido dadas por apellido.
> Deja tu nombre, Romeo,
> y en lugar de tu nombre,
> que no es cosa alguna sustancial,
> tómame a mí entera.
>
> *Romeo y Julieta* (Acto II, Escena II)

Comprueba por ti mismo si es cierto que tu nombre no forma parte de ti.

Ver a través de los ojos de los demás

- Date un paseo por las calles de tu pueblo o ciudad.

- Comienza imaginándote a ti mismo mirando hacia fuera desde detrás de tus ojos para hacerte una idea —y tener la sensación— de cómo es ser «yo viéndoles a ellos».

- Luego selecciona una persona al azar e imagina que estás viendo a través de sus ojos. Imagina cómo sería ser la mente de esa persona mirando hacia fuera, viendo el mundo.

- Imagina —tan solo por ahora si no crees que sea cierto— que aquello que está viendo a través de sus ojos es idéntico a lo que está viendo a través de los tuyos.

- Imagina —tan solo por ahora si no crees que sea cierto— que aquello que está viendo a través de sus ojos no solo es idéntico sino que es exactamente lo mismo que lo que está viendo a través de los tuyos.

Consciencia errante

Deja que la consciencia vagabundee, contémplala en su ir y venir

A menudo, cuando jugamos a estos juegos, caemos en la trampa de esforzarnos demasiado por limitar nuestra consciencia a aquello de lo que nos gustaría ser conscientes en ese momento, pero la consciencia tiene tendencia a ir revoloteando de una cosa a otra. A veces es un sonido, otras un pensamiento, otras una sensación corporal...

- Así que deja que la consciencia divague.
- Y simplemente obsérvala en su ir y venir sin tratar de «controlarla».

Una vez más, la idea es utilizar la menor cantidad de esfuerzo posible para darnos cuenta de qué es lo que hay en la consciencia, sin controlarla de ningún modo.

¿Podrías no ser consciente?

- Juega con esta idea: ¿es posible no ser consciente?, ¿no ser consciente de nada?
- ¿Necesitas tomar activamente la decisión de ser consciente?
- ¿En algún momento de tu vida *no* has sido consciente?

La idea de este juego es comprobar si eres tú el que tiene que *llevar a cabo* la consciencia o si, por el contrario, ya lo hace por sí misma.

Consciencia de la respiración

Un par de juegos para jugar mientras respiramos

Fíjate en la respiración

Este es uno de esos juegos en los que si pierdes, ganas (por supuesto, si ganas, también ganas).

- Piensa durante un rato en algo que no sea tu respiración.
- Luego, sorpréndete a ti mismo respirando, pero procura *no* modificar o alterar tu respiración de ninguna manera.

Si estás respirando rápido, no intentes respirar más despacio. Si tu respiración es superficial, no trates de respirar más profundamente. Lo sorprendente es que —si eres como yo— en cuanto te fijas en la respiración, cambia de algún modo, a veces notablemente, otras de forma más sutil.

Así que es divertido intentar pillarte a ti mismo cuando no esperas ser consciente de la respiración y ver si eres capaz de percibirla sin modificarla en ningún aspecto.

Como ya he mencionado anteriormente, hazlo por diversión, pero no te extrañes si no lo logras. En todo caso, si no lo consigues, ya lo has logrado —y si ya lo has logrado, también—, porque a) ser consciente de la respiración siempre es beneficioso, y b) tiende a hacer que nos relajemos, que vayamos más despacio y que respiremos más profundamente, todo lo cual también es muy positivo.

Date cuenta de que percibes tu respiración

Una vez que hayas probado el juego anterior por un tiempo, prueba este otro.

- Fíjate en aquello que percibe o es consciente de la respiración.

También puedes pensar en esto como en la consciencia que de algún modo rodea a tu respiración.

El pasajero

Móntate en tu experiencia

¿Y si en lugar de ser tú quien conduce o dirige la experiencia, estuvieses en el asiento del pasajero y, sencillamente, fueses montado en ella? Es otro, no tú, el que está al volante. (Da igual quién sea, pero ya que se trata de tu juego y de tu imaginación, puede ser cualquier cosa, desde Dios, hasta el universo entero, pasando por un conductor de autobús imaginario o esa misteriosa «nada» que pone todo en movimiento).

- Imagina que estás montado dentro del vehículo que eres tú mismo y que vas viendo el mundo a través de las ventanas de tus ojos.
- Imagina que no eres el conductor de tu experiencia, sino el pasajero.
- Imagina que todas tus sensaciones son el territorio por el que vas pasando (tranquilo, es un vehículo todoterreno), y que todo lo que pasas o vas dejando atrás está bien —simplemente estás ahí montado, dando un paseo—.
- Imagina que todos tus pensamientos y emociones son también parte del territorio (ya te lo dije, es un vehículo verdaderamente todoterreno).

Nacido ayer

También conocido como «Identidad de recién nacido»

- Imagina que has nacido hace tan solo unos instantes.
- Imagina que aún no has aprendido ninguna de las palabras, conceptos, miedos o ideas sobre ti mismo o sobre el mundo que has acumulado hasta ahora.

Después, pasa al siguiente juego...

Sin recuerdos / Sin imaginar

¿Qué es lo que sabes sin recuerdos ni imaginación?

- Pregúntate: «Sin recurrir a los recuerdos, ¿qué es lo que sé?».
- Pregúntate: «Sin recurrir a la imaginación, ¿qué es lo que sé?».

Este juego trata sobre el ahora —sin pasado (recuerdos), sin futuro (cosas imaginadas)—.

No me malinterpretes. No has de creer que los recuerdos o la imaginación sean algo malo. De hecho, son herramientas maravillosamente útiles para la creatividad humana, pero son herramientas abstractas, herramientas de la mente. En realidad no tienen ninguna sustancia o realidad física más allá de ser meras ideas en la mente.

Ni los recuerdos ni lo imaginado son una experiencia directa.

Podrías preguntarte: «Un momento, ¿acaso no estamos usando la imaginación en estos juegos de consciencia?». Sí, pero incluso en este caso es tan solo una herramienta —una herramienta que utilizamos para provocar una experiencia directa—. Una vez que la herramienta ya haya cumplido su cometido, puedes tirarla o dejarla a un lado hasta que la necesites nuevamente.

Sin intención

¿Qué pasaría si no tuvieses absolutamente ninguna intención?

Una de las primeras veces que tuve esa característica sensación tonta de felicidad fue cuando escuché una cita del maestro indio, Sri H. W. L. Poonja, también conocido como Papaji, quien afirmaba: «No tengo ninguna intención».

Entonces me pregunté a mí mismo; «¿Qué pasaría si no tuviera intención?». Algo dentro de mí se soltó, y sencillamente me empecé a reír. Parte de la risa era debida a lo absurdo que era todo esto. «¿Cómo puedo no tener intención? ¿Acaso no es ya una intención la propia intención de no tener intención?».

Pero la mayor parte de la risa provenía de la alegría y el placer de la liberación que se produce cuando no estamos intentando hacer nada, cuando no tratamos de conseguir que se produzca algún resultado concreto o de controlar de algún modo nuestra experiencia. Algo muy profundo se relaja, lo que nos permite disfrutar simplemente de lo que esté sucediendo en este momento.

- Así es que prueba a ver cuánto tiempo puedes pasar sin tener absolutamente ninguna intención. (Salvo esta, claro).

Juegos gemelos: Nada / Todo

Imaginarse la nada

- Trata de imaginarte lo siguiente: ¿Y si no existiese nada?.

Imaginarse una única cosa

- Trata de imaginarte lo siguiente: ¿Y si solo existiese una única cosa?

El primero de estos juegos gemelos fue el primer juego relacionado con la consciencia al que jugué de pequeño, aunque por supuesto por aquel entonces no lo concebía en estos términos. Recuerdo estar tumbado en la cama y pensar: «¿Y si no existiese nada?». Era algo difícil de imaginar, pero aún así seguía intentándolo. Al fin y al cabo, si no hubiese nada, tampoco habría ningún yo para darse cuenta de ello, por lo que, ¿cómo es posible siquiera imaginar algo así? Mientras trataba de imaginarlo, de pronto me invadió un sentimiento extraño pero también extrañamente agradable, un sentimiento agradablemente aterrador que era tan abstracto que ni tan siquiera podía describírmelo a mí mismo en palabras. Pero me gustaba y me fascinaba, así que lo convertí en un juego. Siempre que estaba en la cama sin sueño, intentaba volver a tener esa extraña pero divertida sensación pensando: «¿Y si no existiese nada?».

El segundo juego es el opuesto —o el complementario— del primero. ¿Y si en realidad todo fuese una única cosa que adoptase diferentes formas y estados, del mismo modo que todos los personajes, lugares y objetos de una película son parte de una imagen proyectada? ¿Y si cuando muevo la mano de izquierda a derecha por el aire, fuese únicamente el aire adoptando la forma de una mano, primero a la izquierda y luego a la derecha? Ya sé que esto puede no tiene sentido desde el punto de vista de la física. Sabemos que es la mano la que empuja el aire y causa una perturbación, pero el objetivo del juego no es que sea coherente con las leyes de la física, sino producir un pequeño cambio en tu consciencia.

¿Y si todo no fuese más que una enorme y compleja onda que adopta la apariencia de objetos separados? Imagina que toda la realidad fuese simplemente materia ondulante. De acuerdo, esto está empezando a ponerse demasiado conceptual, y aquí la idea es experimentar la consciencia, no averiguar racionalmente qué es la realidad, así es que prueba lo siguiente: imagina que todo lo que hay en tu consciencia, incluido tu propio cuerpo, forma parte de la misma imagen de la pantalla del televisor. Cuando te mueves o vas de un sitio a otro, la pantalla no se mueve físicamente, sino que se limita a cambiar el color y el brillo de la zona en la que estabas y de la zona a la que te has desplazado.

No pienses demasiado en esto ni intentes averiguar si es cierto o no; limítate a intentar imaginártelo y jugar con la idea.

De fuera hacia dentro

Experimentar el mundo exterior dentro de nosotros

Hay una representación en nuestro interior de todo lo que experimentamos fuera de nosotros. Esa es una forma de verlo. Otra es decir que toda experiencia tiene lugar en nuestro interior. Para jugar con esta idea no tienes que creer que sea cierta; simplemente pruébala y observa cómo es o cómo te hace sentir.

Los dos siguientes juegos son ejemplos concretos de esto con los sonidos y las imágenes:

Sonidos externos e internos

- Escucha los sonidos de tu entorno, cualquier sonido que se esté produciendo.
- Al principio, probablemente los percibas como cosas que están teniendo lugar fuera de ti, pero, ¿dónde estás sintiendo los sonidos?
- ¿Y si los sonidos se estuviesen produciendo dentro de ti?

Imágenes externas e internas

- Echa un vistazo a lo que te rodea y pon tu atención en las imágenes, en lo que sea que estés viendo.
- Al principio, probablemente te parezcan cosas que están teniendo lugar fuera de ti, pero, ¿dónde estás sintiendo o experimentando dichas imágenes?
- ¿Y si se estuviesen produciendo dentro de ti?

También puedes probar esto con la música:

Sentir la música desde el interior

- Escucha algo de música y observa cómo la sientes internamente, la sensación interna que te produce.

Puesto que los sonidos son vibraciones, esta idea no es tan descabellada. A veces realmente podemos sentir los sonidos. Podemos sentir la música dentro de nosotros.

Sin embargo, este ejemplo es un poco artificioso, ya que la música resulta tan atractiva y fascinante que puede seducirnos y hacer que no podamos evitar pensar en ella, perdiéndonos así en el pensamiento. Si te ocurre esto, simplemente recuérdate a ti mismo delicadamente que tu intención es sentir la música como si se estuviese produciendo en tu interior.

Y también puedes intentar hacer esto mismo con todo:

Experiméntalo todo en tu interior

- Imagina que todo lo que está ocurriendo, ocurre dentro de ti.
- Comienza tan solo con todo lo que se encuentre dentro de tu campo de visión o al alcance de tu oído...
- ... después incluye todo aquello que esté ocurriendo de lo que tengas conocimiento...
- ... y después incluye también todo lo que está ocurriendo en el mundo, en todas partes.

De dentro hacia fuera

Proyección mental

Normalmente pensamos que las imágenes y los sonidos provienen del mundo exterior y que llegan a nuestro cerebro a través de los ojos y los oídos. Aquí vamos a jugar justo con la idea contraria.

- Imagina que eres un proyector de películas en 3D que lanza imágenes y sonidos al mundo —que, literalmente, lo crea—.

- Así que mientras caminas, o cuando simplemente te sientas y miras a tu alrededor, las cosas y las personas que ves están siendo creadas en tu mente y proyectadas en una gigantesca y envolvente pantalla de cine 3D con sonido *surround*.

Como ya he señalado, para beneficiarte de este juego no es necesario que creas que esta sea la forma en que funciona realmente el universo. Simplemente has de pretender que es así mientras dure el juego.

Concentrar y expandir el foco de la atención

Contrae y expande tu atención

Este juego es parecido al de «Expandir y contraer la consciencia», pero desde un ángulo ligeramente distinto.

Cuando nos perdemos en el pensamiento, o cuando abordamos un problema específico, el enfoque de nuestra atención se reduce hasta que incluye únicamente el tema que nos ocupa, excluyendo así cualquier otra cosa.

Así que intenta hacer precisamente eso: concentrar y expandir el foco de tu atención, acercarla y alejarla como si estuvieses haciendo zoom.

- Reduce la atención a una única cosa, como, por ejemplo, mover los dedos, leer una frase o dibujar un monigote.
- Después, expande el foco de la atención hasta que incluya toda la información que te esté llegando en este momento por los cinco sentidos. Expándela aún más hasta incluir también todo lo que estés pensando o sintiendo ahora mismo.
- A continuación, vuelve a acercar el foco para concentra la atención en el tema o la tarea inicial.
- Luego expándela de nuevo.

Juega con este concentrar y expandir el foco de la atención hasta que te des cuenta de que en cualquier momento puedes expandir tu atención para que lo incluya todo en menos que canta un gallo —incluyendo también al gallo—.

El traga-tensiones

- Imagina una pequeña criatura parecida al comecocos que va buscando y devorando cualquier tensión, angustia o agarrotamiento, dejando tras de sí únicamente relajación y distensión.

Esta es una forma divertida de relajarse, y también una excelente manera de tratar la ansiedad.

Todo pensamiento que nos diga que las cosas no son como queremos que sean nos produce una contracción interna, una tensión. Todo miedo, ansiedad, mal recuerdo, frustración o sentimiento de ira lleva asociada su contracción correspondiente.

Así que, siempre que puedas, procura desprenderte de toda esta tensión. Imaginarte al traga-tensiones recorriendo tu cuerpo es una forma divertida de hacerlo.

O, si eres de los que prefiere el «hágalo usted mismo», prueba este sencillo juego:

Soltar la tensión

- Pregúntate: «¿Estoy tensionado, contraído, agarrotado?».
- ¿En qué parte del cuerpo sientes la tensión?
- Suéltala y libérate de ella.

Pintar las emociones

No intentes cambiar tus sentimientos; píntalos

- Pinta la imagen de una emoción describiéndola físicamente.
- ¿Dónde la estoy sintiendo? ¿En qué parte de mi cuerpo?
- ¿Qué aspecto tiene? ¿Qué forma?
- ¿Qué textura?
- ¿De qué color es?

Hay (al menos) dos formas de jugar a este juego. La primera consiste en pintar mentalmente una imagen de la emoción. En la segunda pintamos directamente con la emoción; nos imaginamos que es la emoción la que pinta realmente —lanzando la pintura con una gran brocha en amplios y enérgicos golpes, a base de pequeñas puntaditas con un pincel fino y puntiagudo, poniendo capa sobre capa con grandes pegotes de empasto, acariciando el lienzo delicadamente con un fino lavado a la acuarela o vertiendo y salpicando la pintura directamente de la lata con un palo; lo que sea que mejor refleje la emoción tal y como la estás sintiendo en este momento—.

Sin pensamientos

Juego y variaciones

El cerebro no verbal

Pensamiento abstracto frente a pensamiento verbal

¿Oyes una voz en tu cabeza que parece no callarse nunca? ¿Es eso lo único que sucede en tu cabeza? Ciertamente, a veces parece ser así, pero apuesto a que hay muchas más cosas ahí. Lo que ocurre es simplemente que a veces esa voz nos distrae de todo lo demás. Esa voz es el pensamiento verbal, pero no es el único tipo de pensamiento que tenemos; también están las imágenes visuales, los sonidos y las percepciones.

El truco está en no evitar el pensamiento verbal, sino simplemente limitarnos a ser conscientes de todo lo que está sucediendo en nuestra mente y que no es verbal —algo que, en inglés, a veces se denomina *wordlessness*, término acuñado por Martha Beck (¡gracias, Martha!) para referirse a la parte no verbal de la mente—. Cuando tengas cierta práctica a la hora de discernir si un pensamiento es verbal o no, te resultará más fácil ignorar esa charla incesante simplemente centrándote en el resto de cosas que estén sucediendo.

Deja que la consciencia no verbal se expanda —dejando así fuera al pensamiento verbal— hasta que llene todo tu ser.

Prueba lo siguiente:

- ¿Cuánto tiempo puedes pasar sin palabras en la mente?

Si no tardas nada en caer de nuevo en el pensamiento verbal (bienvenido al club), ríete de ello y vuelve a intentarlo. Comprueba cuánto tiempo puedes mantenerte en la mente no verbal.

Y ahora, las variaciones:

Borrar las palabras

- Imagina que en el mundo que ves todas las palabras de las señales, los libros, los anuncios, etc. han sido borradas.
- Imagina que todas las palabras escritas han desaparecido del mundo.
- Si te divierte hacerlo, prueba a imaginar que también todas las palabras habladas han desaparecido del mundo.
- Y, por último, imagina que todas las palabras han sido también borradas de tus pensamientos. Lo único que queda son los pensamientos no verbales.

Nota: Para algunas personas no existe ningún pensamiento que no sea verbal. En otras palabras, definen el pensamiento como las palabras que hay en su cabeza. Eso no es ningún problema. Si para ti los pensamientos también son así, en lugar de plantearlo como pensamientos verbales frente a pensamientos no verbales, piensa en ello como pensamientos frente a imágenes o pensamientos frente a experiencias.

Sin pensamientos no hay pasado

- Intenta imaginarte el pasado sin pensamientos. ¿Existe el pasado si no tienes pensamientos?

En este caso, me refiero tanto a los pensamientos verbales como a los no verbales. Si no hubiese ninguna palabra corriendo por tu mente, ninguna película —ni tan siquiera una película muda— proyectándose en tu mente, entonces, ¿qué ocurriría con el pasado?

Sin historia

Todos tenemos una historia sobre nosotros mismos. De hecho, nos pasamos toda nuestra vida verbal redactándola, añadiendo capítulos, rescribiéndola, puliéndola y volviéndola a contar una y otra vez.

- ¿Qué pasaría si te olvidases por completo de tu historia?
- ¿Serías la misma persona?

(Un guiño a Byron Katie, quien escribió un libro completo sobre este tema, *Who Would You Be Without Your Story*? [¿Quién serías sin tu historia?]).

Yo soy (puntos suspensivos)

En cierto sentido, este juego es el opuesto al de «Borrar las palabras» que hemos visto antes, y consiste en visualizar palabras a medida que se van escribiendo.

- Visualiza las palabras «Yo soy...».
- Piensa en un final para esa frase e imagínate que la estás escribiendo.
- Ahora borra el final de la frase, dejando solo el «Yo soy...» inicial.
- Repite esta dinámica tantas veces como quieras.
- O, si estás visualizando que las palabras van apareciendo en la pantalla de un ordenador al teclear, imagínate que le das a borrar (*backspace*) y te quedas solo con el «Yo soy...».

Ejemplos:

«Yo soy... (pon aquí tu nombre)». Borra todo hasta los puntos suspensivos.

«Yo soy... (pon aquí tu género)». Borra todo hasta los puntos suspensivos.

«Yo soy... (pon aquí tu trabajo)». Borra todo hasta los puntos suspensivos.

«Yo soy... (pon aquí algo que te describa, lo que te quieras)». Borra todo hasta los puntos suspensivos.

El tobogán del yo

¿De dónde surge la fuente del yo?

- Trae a tu mente el pensamiento «yo».

- Imagínate que es un tobogán que empieza en frente de tu cerebro, va hacia abajo, regresando a ti mismo, y termina (o empieza) quién sabe dónde.

- ¡Tírate por el tobogán!

Tal vez aterrices en la fuente de «yo» —puede que en su mismísimo centro—.

Incluye, incluye, incluye

Un juego para las emociones difíciles

A veces, las emociones dolorosas se apoderan de nosotros y exigen nuestra atención con la insistencia propia de una sirena o de un despertador que no se puede apagar. Absorben toda nuestra atención, reduciéndola y estrechándola, como si dijesen: «¡Ocúpate de mí! ¡No pienses en nada más! ¡Tienes que arreglar esto!».

Cuando esto sucede, hay veces en las que resulta complicado dirigir la atención a la consciencia de las emociones. Cada vez que lo intentamos, los pensamientos que hacen referencia a la situación emocional nos hacen retroceder, como si estuviésemos tratando de abrir una trampilla con resorte que no hace más que volver a cerrarse.

Cuando te ocurra esto, prueba a hacer lo siguiente:

- Durante unos segundos, no intentes arreglarla o hacerla desaparecer.
- Imagina que la emoción aparece en la consciencia. Dicho en otras palabras, que por un lado está la emoción, y, por otro, el ser consciente de la emoción.
- Incluye más:
  ¿Qué otras cosas hay en la consciencia en este momento, aparte de esta indeseable y desagradable sensación? ¿Sonidos? ¿Imágenes? ¿Sensaciones? ¿Otros sentimientos? ¿Pensamientos?
- Incluye aún más.
- Incluye, incluye, incluye. Expande la consciencia hasta que incluya todo lo que sea posible incluir.

La idea es ver la emoción en perspectiva. Como si de un amante celoso se tratase, quiere ser el único objeto de tu atención, pero por insistente que parezca, en realidad no es lo único que está teniendo lugar en este momento, aunque quiere hacerte creer lo contrario. Así que no luches contra ella, limítate a incluir también todo lo demás. Cuanto más, mejor.

Arte abstracto

Si no te gusta el arte abstracto, siéntete libre de saltarte este juego. Si te encanta, es muy probable que lo encuentres divertido.

- Observa alguna obra de arte abstracto, como por ejemplo los trabajos de Jackson Pollack, Wassily Kandinsky, Joan Mitchell, Mark Tobey o Helen Frankenthaler —cualquier obra artística que no sea una fotografía o una representación real de objetos, sino que muestre formas, texturas y colores en y por sí mismos—.
- Ahora dirige tu mirada al mundo. Mira las aceras, los muros, la tierra, los edificios en construcción. Tal vez puedas centrarte en pequeñas áreas en las que los materiales muestran diversos patrones.
- ¿Puedes ver que el mundo está formado por patrones abstractos de forma, textura y color?
- ¿Y si el mundo no tuviese ningún otro significado más allá de esas formas, texturas y colores?

De nuevo, no te molestes en ponerte a analizar el arte o el mundo. No te molestes en creer que algo de esto es verdad. No te pares a juzgar tu experiencia. Tan solo limítate a jugar con lo que sucede cuando ves el mundo como si fuese arte abstracto.

Si eres de los que de verdad odian el arte abstracto, prueba a hacer este juego con arte figurativo (más común):

- Observa un cuadro de una figura, un bodegón o un paisaje.
- Date cuenta de que todo el lienzo está hecho de pintura, no solo las figuras.
- Date cuenta de que tu consciencia también es así.

¿Dónde está ocurriendo esto?

Juego y variaciones

- Para cada una de las cosas siguientes, formúlate la pregunta: «¿Dónde está ocurriendo esto?».
  - sonidos
  - imágenes
  - pensamientos
  - emociones
  - consciencia corporal
  - sentido de ti mismo
  - tiempo

Puede ser divertido pensar en cada una de estas cosas como lo que está en primer plano, con su trasfondo correspondiente, o como los contenidos que están dentro de su correspondiente contenedor.

Por ejemplo:
Los sonidos tienen lugar en un campo de silencio.
Las imágenes aparecen en la pantalla vacía de la visión.
Los pensamientos y las emociones aparecen en la mente vacía.
Tu imagen corporal aparece en el espacio.
Tu sentido de ti mismo aparece en el campo de la consciencia.
El tiempo aparece en el Ahora infinito.

Los siguientes seis juegos son ejemplos específicos de esto:

Los sonidos del silencio

- Juega con cada sonido que aparezca en la consciencia y escucha el espacio de silencio que hay antes y después de él.
- Imagina que cada sonido aparece en un campo de silencio.
- Desplaza ligeramente el foco de tu atención y llévalo de los sonidos al silencio en el que aparecen.

La pantalla de cine de tu mente

O «El lienzo en blanco de tu mente» o «La pizarra de tu mente».

- ¿Qué ves?
- ¿Dónde aparece?
- ¿Puedes imaginar que estuviese apareciendo en una pantalla de cine (o en un lienzo en blanco, una hoja de papel blanco o una pizarra vacía)?
- ¿Y si tú mismo fueses esa pantalla en blanco?

La mente vacía

- ¿Y si tu mente fuese un recipiente vacío en el que aparecen los pensamientos y las emociones?
- ¿Y si tu mente no se viese afectada por ellos? Los pensamientos vienen y van, pero la mente permanece siempre igual. Los sentimientos vienen y van, pero la mente no se ve afectada por ellos.

El cuerpo en la inmensidad

- ¿Dónde sientes el cuerpo? ¿En el cuerpo? Tal vez... juega con esta idea.
- ¿Y qué hay del sentido o la sensación que tienes de todo tu cuerpo? ¿Dónde aparece esa sensación?
- Juega con la idea —y la sensación— de que la sensación del cuerpo aparece en un espacio que rodea tu cuerpo, un espacio que es un poquito más grande que tu cuerpo, que está por fuera de él.

El Gran Yo y el pequeño yo

- ¿Y si tu sentido de ti mismo fuese un pequeño «yo» que aparece dentro de un Gran «Yo»?
- ¿Cuál es ese Gran Yo en el que aparece el pequeño yo?

El tiempo y el ahora

- ¿Qué es el tiempo? Quién sabe. Pero podemos hacer un juego sobre la forma en la que concebimos el tiempo.
- ¿Y si el «Ahora» fuese un recipiente vacío en el cual aparece el tiempo? ¿Y si el «Ahora» fuese el campo eterno, infinito, imperecedero, vasto e interminable del presente que contiene todos y cada uno de los momentos particulares a medida que se van presentando?

En otras palabras, el trasfondo es aquello en lo que aparecen los objetos, el silencio es aquello en lo que aparecen los sonidos, la mente es aquello en lo que aparecen los pensamientos, el espacio es aquello en lo que aparece el cuerpo, el «Yo» es aquello en lo que aparece el «yo», y el ahora es aquello en lo que aparece el tiempo.

¿Puedes entender esto, sentirlo, sin pensar demasiado en ello? Por supuesto, no dediques ni un segundo a pensar si todo esto es cierto o no. Eso no es lo que importa. Lo importante es la sensación que tienes cuando, de algún modo, intentas «penetrar en ello» con tu sentir.

Existo

- Trae a tu mente el pensamiento: «Existo».
- Sé consciente de cómo te hace sentir, de qué aspecto tiene.
- ¿Cómo sabes que existes?
- Intenta responder a estas preguntas sin palabras ni conceptos, sino únicamente notando, sintiendo o percibiendo la propia sensación de existir, de ser.

Siguiendo en esa misma línea...

¿Cómo sé que...?

- ¿Cómo sé que existo?
- ¿Qué evidencias tengo de ello?
- Más allá del pensamiento, ¿qué evidencias hay?

Tan solo sé

O «No puedes verlo, tan solo serlo»

- Dale vueltas al siguiente *koan* de los O´Connor:

    ¿Puedo pensar en algo
    que no sea percibido
    por algo en lo que no puedo pensar?

- ¿Qué es ese (este último) algo?

No puedes verlo, únicamente puedes serlo.

Juegos corporales

Una serie de juegos para jugar con tu consciencia corporal

El Gran Cuerpo

Este juego es una expansión del mini-juego, «El cuerpo en la inmensidad» que hemos visto anteriormente —y cuando digo *expansión* me refiero a una verdadera expansión—.

- Observa tu cuerpo. Siéntelo por completo. No dejes de poner la atención en él hasta que sientas el cuerpo en su totalidad, desde la coronilla hasta la punta de los dedos de los pies, incluyendo cada centímetro de piel, cada partícula de cada órgano y cada sensación física que aparezca.
- Ahora, imagina que tienes un cuerpo más grande que rodea y abarca todo tu cuerpo físico.
- Sé ese cuerpo mayor. Observa tu cuerpo normal desde ese cuerpo mayor que lo rodea. Imagina que todo lo que puedas sentir en tu cuerpo normal está contenido en ese Gran Cuerpo.
- Intenta sentarte siendo este Gran Cuerpo, luego prueba a ponerte de pie y caminar un poco, sintiendo todo el tiempo tu cuerpo normal desde la perspectiva de este Gran Cuerpo.
- Vuelve a sentarte o a tumbarte y deja que tu Gran Cuerpo se expanda aún más. Permite que sea lo suficientemente grande como para incluir todo lo que ves, oyes y sientes. Si escuchas algún sonido, imagínate que está teniendo lugar dentro de tu Gran Cuerpo. Si tu mirada está vagando por la habitación, o si miras por la ventana, imagínate que todo lo que ves está dentro de tu Gran Cuerpo.

La muñeca rusa

Una variación del juego «El Gran Cuerpo» basada en las muñecas rusas de tipo matryoshka, *solo que al revés*

- Observa tu cuerpo.
- Imagina que un cuerpo un poco más grande es el que observa al cuerpo más pequeño.
- Imagina que este cuerpo mayor contiene al pequeño.
- Imagina que un cuerpo aún mayor es el que percibe y contiene a este otro cuerpo.
- Imagina que un cuerpo aún mayor es el que percibe y contiene a este último cuerpo.
- Imagina ese cuerpo en un cuerpo más grande.
- Sé ese cuerpo más grande.
- Imagina ese cuerpo en un cuerpo más grande.
- Sé ese cuerpo más grande.
- Imagina ese cuerpo en un cuerpo más grande.
- Sé ese cuerpo más grande.
- Imagina ese cuerpo en un cuerpo más grande.
- Sé ese cuerpo más grande.
- Imagina ese cuerpo en un cuerpo más grande.
- Sé ese cuerpo más grande.
- *Et cetera, ad infinitum, per secula seculorum,* amén.

¿En qué parte del cuerpo...?

- ¿En qué parte del cuerpo sientes la emoción?
- ¿Cómo te hace sentir?
- ¿Qué aspecto tiene?

Antes solía pensar que las emociones eran estas cosas amorfas sin entidad física que se apoderaban de mi mente, pero finalmente me di cuenta de que todas las emociones en realidad no son más que reacciones químicas que se producen en el cuerpo. Cuando tengas una emoción, especialmente si se trata de una que no te guste, te resultará útil examinarte interiormente para descubrir dónde exactamente, en qué parte del cuerpo, está teniendo lugar.

Luego, cuando ya hayas ubicado la zona (o las zonas) del cuerpo en las que aparece, obsérvala con una actitud curiosa. Simplemente frena un poco, aminora la marcha y obsérvala.

Hay una verdad contradictoria pero profunda sobre las emociones, especialmente sobre las así llamadas emociones negativas: Lo único que quieren es ser reconocidas, que las sintamos, no que las analicemos o que tratemos de arreglarlas de algún modo. Cuando se les presta atención y se les permite que sean tal como son, se transforman.

Es como si nos estuviesen diciendo: «¡Vaya! ¡Por fin me prestas atención! Ahora siénteme. No me ignores. No trates de cambiarme. No intentes deshacerte de mí. Tan solo siénteme. Traigo un mensaje que debo entregar, y cuanto más te relajes y me dejes cantar mi cantinela, más rápido terminaré de cantarla y pasaré a otra cosa. *Posdata*: Te quiero».

¿Quién tiene un cuerpo?

- Trae a tu mente el pensamiento: «Tengo un cuerpo».
- Luego, pregúntate: «¿Quién es este "yo" que tiene un cuerpo?».

Obsérvate

En tu imaginación ...

- Ponte de pie en frente de ti mismo y obsérvate.
- Vete sobrevolando por encima de ti mismo y obsérvate atentamente.

Intercambiar sujeto y objeto

En tu mente, vete pasando alternativamente de los objetos percibidos a la subjetividad pura

A continuación, te muestro como puedes hacerte una idea de cómo se siente la subjetividad pura:

- Mira un objeto; cualquier objeto, una taza, por ejemplo. Sé consciente de que lo estás percibiendo. Es un objeto. Tú eres el sujeto. Por lo tanto, en esta relación sujeto/objeto, tú eres el sujeto y la taza es el objeto.
- Ahora mírate la mano. Sé consciente de que la estás percibiendo. Es un objeto. Tú eres el sujeto. Por lo tanto, en esta relación sujeto/objeto, tú eres el sujeto y tu mano es el objeto.
- Ahora piensa en un elefante. Sé consciente de que estás teniendo ese pensamiento. En este caso, la idea o el pensamiento de un elefante es un objeto. Tú eres el sujeto. Por lo tanto, en esta relación sujeto/objeto, tú eres el sujeto y el pensamiento es el objeto.
- Ahora piensa en ti mismo. Sé consciente de que estás teniendo ese pensamiento. En este caso, la idea o el pensamiento de ti mismo es un objeto. Tú eres el sujeto. Por lo tanto, en esta relación sujeto/objeto, tú eres el sujeto y el pensamiento de ti mismo es el objeto.

¿Qué diferencia hay entre tú y el pensamiento de ti mismo? Esa diferencia es un indicador que apunta a la subjetividad pura.

- Cuando captes la idea, cuando la sientas, prueba a ver si eres capaz de ir alternando entre ser consciente de un objeto y ser el sujeto. Pruébalo con los objetos de esta lista:
    - cosas
    - pensamientos
    - sentimientos
    - imágenes
    - ideas y conceptos

Alternar entre los contenidos y el contexto

Este juego es prácticamente idéntico al anterior, pero hay gente a la que le resulta más sencillo pensar en términos de contenidos y contexto.

- Fíjate en algo. Cualquier cosa. Comienza con un objeto sencillo, como por ejemplo, una taza. ¿Dónde está? ¿Encima de una mesa? En ese caso, la taza es el contenido y la mesa es el contexto.
- Vete alternando mentalmente entre la taza y su contexto, la mesa.
- Piensa en la taza. Sé consciente del pensamiento de la taza. ¿Dónde está el pensamiento? ¿En tu mente? En ese caso, el pensamiento es el contenido y tu mente es el contexto.
- Vete alternando mentalmente entre el pensamiento y su contexto, tu mente.
- Piensa en tu mente. Sé consciente de ella. ¿Dónde está? ¿Está en ti? En ese caso, tu mente es el contenido y tú eres el contexto.
- Vete alternando mentalmente entre tu mente y su contexto, tú.
- Piensa en ti. Sé consciente de la imagen que tienes de ti mismo. ¿Dónde está? ¿Está en un contexto puro? En ese caso, tú eres el contenido y el contexto puro es el contexto.
- Vete alternando mentalmente entre tú mismo y el contexto puro.

Prueba también el juego siguiente, «Pasar del primer plano al trasfondo», que es lo mismo pero con distintas palabras.

Pasar del primer plano al trasfondo

Este juego es idéntico al anterior, pero es posible que te resulte más fácil. O puede que encuentres más sencillo el de «Alternar entre los contenidos y el contexto». O puede que sea el de «Intercambiar sujeto y objeto». Juega con cualquiera de ellos, con el que te resulte más divertido.

- Fíjate en algo. Cualquier cosa. Comienza con un objeto sencillo, como, por ejemplo, una taza. ¿Dónde está? ¿Encima de una mesa? En ese caso, la taza es lo que está en primer plano y la mesa es el trasfondo.
- Vete alternando mentalmente entre la taza y su trasfondo, la mesa.
- Piensa en la taza. Sé consciente del pensamiento de la taza. ¿Dónde está el pensamiento? ¿En tu mente? En ese caso, el pensamiento es lo que está en primer plano y tu mente es el trasfondo.
- Vete alternando mentalmente entre el pensamiento y su trasfondo, tu mente.
- Piensa en tu mente. Sé consciente de ella. ¿Dónde está? ¿Está en ti? En ese caso, la mente es lo que está en primer plano y tú eres el trasfondo.
- Vete alternando mentalmente entre tu mente y su trasfondo, tú.
- Piensa en ti. Sé consciente de la imagen que tienes de ti mismo. ¿Dónde está? ¿Está en un trasfondo puro? En ese caso, tú eres lo que está en primer plano y el trasfondo puro es el trasfondo.
- Vete alternando mentalmente entre tú mismo y el trasfondo puro.

Sé como un espejo

- Imagina que eres un espejo.
- Pregúntate: «¿Elijo qué reflejar y qué no reflejar?».
- O, como alternativa, puedes preguntarte: «¿Estoy practicando el "reflejar sin seleccionar"?».
- ¿Es real el contenido?

¿Qué pasaría si te pusieses en frente de un espejo con un objeto en cada mano —por ejemplo, una taza y un plátano— y el espejo decidiese: «Um... Creo que voy a reflejar la taza pero no el plátano —hoy no me apetece fruta—»? Poco probable, ¿verdad?

Así es la consciencia. O, al menos, la consciencia pura y sin filtro. No elige los contenidos de los que es consciente. En el mismo momento en el que tus ojos ven algo, ya está en la consciencia. En el mismo momento en el que tus oídos oyen algo, ya está en la consciencia. Sé esa pura consciencia que no filtra los contenidos. Ya está ahí. No tienes que encontrarla.

Sé ese espejo.

Recolectar pensamientos

Un juego muy simple en el que si pierdes, ganas

- Intenta elegir tus pensamientos.

Intenta escoger y seleccionar tus pensamientos. Trata de decidir con antelación qué pensamientos van a aparecer y cuáles no.

Si no lo consigues —como supongo que será el caso, al menos la gran mayoría de las veces—, aprenderás algo fundamental (es decir, si al ver que no lo consigues, dejas de intentarlo).

Esta es una variación de este juego —y el primero al que jugué cuando era niño—:

El juego del lápiz

- Imagina un lápiz que se sostiene en equilibrio vertical sobre la punta.
- Intenta imaginar que no se cae.
- En el caso de que logres imaginar que no se cae, imagina que se cae y que permanece así, horizontal, sin volver a ponerse de pie por sí mismo.

Si eres como yo, en el mejor de los casos tan solo puedes hacer una de estas cosas —y, a veces, ninguna de las dos—. Por más que lo intentes, tu mente tiene otros planes. Esto es parecido al ejemplo propuesto por Daniel Wegner: «No pienses en un oso blanco». (Es el tipo que escribió *White Bears and Other Unwanted Thoughts* y *The Illusion of Conscious Will*).

Piensa en lo que quieras excepto en el pasado y el futuro

¿Alguna vez has intentado detener tu mente? Quizá hayas probado alguna de esas prácticas espirituales que te piden que dejes de pensar. Pues bien, aquí tienes un juego que te da permiso para pensar... solo que es una trampa.

- Piensa en lo que quieras excepto en cosas que tengan que ver con el pasado o el futuro.
- Si surgen pensamientos sobre el pasado o el futuro, déjalos pasar y fíjate en qué otras cosas hay ahí en las que pensar que no tengan que ver con el pasado ni con el futuro.

Nota: Este pequeño juego es en realidad grandioso.

A continuación veremos un par de variaciones, una para el futuro y otra para el pasado:

Pescar el futuro

- Deja que tu mente divague, que vaya saltando de una cosa a otra. Déjala que vaya donde quiera (lo que, a buen seguro, hará).
- Considera tu mente como si fuese un río que corre frente a ti.
- Imagina que estás pescando en ese río, pero en lugar de peces, lo que quieres pescar son pensamientos sobre el futuro.
- En cuanto notes que un pensamiento sobre el futuro ha picado, recoge rápidamente el carrete, tira de la caña y sácalo del río. También puedes meterlo en una cajita o una cesta a tu espalda o a tu lado, en la orilla.
- Prueba a limpiar completamente tu corriente de pensamientos de aquellos pensamientos que tengan que ver con el futuro.

Capturar el pasado

- Deja que tu mente divague, que vaya saltando de una cosa a otra. Déjala que vaya donde quiera (lo que, a buen seguro, hará).
- Imagina que estás en una barca en medio de un lago. Ahora, imagina que el lago es tu mente.
- Imagina que estás pescando por uno de los costados de la barca en el lago de tu mente, pero en lugar de intentar capturar peces, estás tratando de pescar pensamientos sobre el pasado.
- En cuanto notes que un pensamiento sobre el pasado ha picado, recoge rápidamente el carrete, tira de la caña, sácalo del lago y mételo en una cajita o una cesta a tu espalda o a tu lado, en la barca.
- Prueba a capturar tantos pensamientos sobre el pasado que el lago quede completamente libre de ellos.

Cuando creas que ya se te da bien jugar a cada uno de estos dos juegos, prueba con los dos a la vez. ¡Buena pesca!

Hacen lo mejor que pueden

Este juego me encanta

- ¿Y si toda la gente del mundo ya estuviese haciendo lo mejor que puede?
- Incluyéndote a ti. ¿Y si ya estuvieses haciendo las cosas lo mejor que puedes?

¿He dicho ya que este juego me encanta?

Encuentra la consciencia

Juega al escondite contigo mismo

- Intenta encontrar tu consciencia.
- ¿Dónde está?
- No la definas, tan solo trata de encontrarla.
- No te conformes con tener una idea sobre ella. No te conformes con un concepto. Confórmate únicamente con conocerla por ti mismo.

En la actualidad, muchos grandes filósofos y neurocientíficos están haciendo grandes esfuerzos para explicar qué es la consciencia y encontrar su fuente, su causa. Me gusta leer lo que escriben (o, al menos, leer sobre ellos) y estar al tanto del debate sobre lo que se ha dado en llamar el «gran problema» —cómo y por qué experimentamos las cosas, por qué somos conscientes—.

Así es que, echémosles una mano, pero no resolviendo el problema por ellos —pues ya están trabajando intensamente en eso—, sino haciendo los trabajos preliminares, buscando sentirla en primera persona, dentro de nuestra propia mente. ¡Vaya idea! ¡Dirigirse al propio interior para buscarla en lugar de teorizar sobre ella! Bueno, cuando lo hayas hecho, no te olvides de contarnos lo que hayas descubierto.

Partículas, ondas y cuerdas

En realidad esto no tiene que ver con la física

- Imagina que tu cuerpo está compuesto por pequeñas partículas, ondas o cuerdas vibrantes (lo que más te guste) en movimiento.
- Imagina que ocurre lo mismo con el aire que rodea...
- y con los objetos que hay a tu alrededor...
- y con las personas con las que estás...
- Imagina que también el aire que fluye a través de ti es así.
- ¿Puedes existir sin el aire?
- ¿Estás separado del aire que fluye a través de ti?
- ¿Estás separado de las otras cosas que también están hechas de partículas, ondas o cuerdas vibrantes?

Pruébalo primero con partículas, luego con ondas, luego con cuerdas vibrantes, y después juega con el que más te guste.

Pensar en otros idiomas

Experimenta las palabras de tu mente como si estuviesen en un idioma extranjero

- Elige un idioma que no entiendas.
- Imagina que todos los pensamientos verbales que hay dentro de tu cabeza están en ese idioma.
- No trates de entenderlos. Simplemente disfruta de no tener ni la más remota idea de qué intentan decirte tus pensamientos.
- Como no puedes comprender ninguno de tus pensamientos verbales, vete retirándoles gradualmente la atención y llévala hacia cualquier otra cosa que haya en tu consciencia.

Este juego es maravilloso para destronar al diálogo mental. Imagina que alguien se acerca a ti y no para de hablar en un idioma extranjero que no conoces, sin darse cuenta de que no estás entendiendo ni una sola palabra de lo que dice. Llega un momento en el que sonríes, asientes con la cabeza y dejas que tu mente se ocupe de cualquier otra cosa.

La única diferencia es que en este caso tu mente no ha de ir en busca de más palabras, sino que ha de dirigirse a cualquier contenido no verbal que aparezca en tu consciencia.

Experimenta tu cara desde el interior

- Piensa en tu cara. ¿La primera imagen que te viene a la mente es tu rostro tal y como se ve en un espejo?
- Si es así, trata de imaginar cómo sería sentir tu cara desde dentro.

Prueba a hacerlo con los ojos cerrados e imagina cómo es sentir el interior de tu cara.

Pruébalo con los ojos abiertos e imagina cómo es ver el interior de tu cara. Cuando, a través de tus ojos, miras hacia el exterior, fíjate en qué partes de tu cara externa puedes ver realmente. (Yo, como mucho, me veo la punta de la nariz y el labio superior si lo estiro hacia arriba). Después, imagina que todas las partes que no puedes ver no están realmente ahí.

El juego del dedo

- Pasa dos dedos de la misma mano a lo largo de dos superficies diferentes, como por ejemplo, tu torso y el brazo de la silla.
- Imagina que cada dedo no es consciente de lo que siente el otro, pero, en cambio, tú eres consciente de ambos.
- Ahora da un paso atrás para considerar la misma imagen pero englobando más aún. Imagina que tú mismo eres un dedo y la persona que está a tu lado es el otro dedo. ¿Hay algún «tú» superior o mayor que sea consciente tanto de tus pensamientos como de los de la otra persona?

Vale, admito que este juego es un poco temerario. En realidad no es más que una torpe analogía para la consciencia universal o no-local, si es que existe tal cosa. Y no hace falta que exista para que puedas disfrutar imaginándote que existe. Eso es lo bueno de estos juegos, que no tienen que ver con lo que es o no es verdad, sino con lo que funciona para nosotros. Si este juego en concreto te sirve, genial, juega con él. Y si no, sáltatelo. Pero no te saltes el siguiente: puede serte muy útil cuando tengas un mal día, aunque no esperes no volver a tener días malos nunca más.

El juego del mal humor

Juega con tu estado de ánimo

Cuando se presente el mal humor, no dudes en jugar a «El juego del mal humor», el cual consta de cinco pasos: examinar el mal humor, jugar con él, examinarlo un poco más, indagar y, finalmente, imaginar. Pero no te preocupes por seguir los pasos en este orden exacto. Están ahí simplemente para inspirarte y que juegues a tu manera. Recuerda que se trata de tu juego.

Cosas que tienes que hacer con el mal humor:

1. Examínalo:
   ¿Qué pasaría si no tratases de hacer que desapareciera y, en lugar de eso, sintieras curiosidad por él? Solo por unos segundos, pospón el hacer cualquier cosa para evitar sentirte de la manera en que te sientes e investiga cómo sabes que sientes lo que sientes.
   - ¿Cuáles son las señales que indican el mal humor? ¿Cómo sabes que estás de mal humor? ¿Qué evidencias tienes de ello? (Una pista: generalmente están en el cuerpo). ¿Cómo te hace sentir? ¿Qué aspecto tiene? Hazte estas preguntas hasta que te dé la impresión de que es un objeto que tienes dentro de ti, con una forma, color, tacto, tamaño, textura, etc.
   - ¿Crees que no deberías estar de mal humor?
   - ¿Por qué no?
   - ¿Decidiste voluntariamente estar de mal humor o este simplemente apareció por sí mismo?
   - ¿Está dentro de ti? ¿Dónde? ¿Dónde están sus bordes o sus contornos en relación a los tuyos?
   - ¿Y si pudieses representarlo en todos sus detalles?

2. Juega con él:
   ¿Y si no intentases hacer que el mal humor desapareciera,

sino que, en lugar de eso, jugueteases con él —como si fuese un plato que no te apetece comer—?

- ¿Puedes hacerlo crecer? ¿Puedes hacerlo más grande?
- ¿Puedes llevarlo de nuevo a su estado inicial y, desde ahí, hacerlo crecer nuevamente?
- ¿Puedes hacerlo más intenso? ¿Y al revés?
- ¿Puedes oscurecerlo? ¿Y al revés?
- ¿Puedes hacerlo más bronco? ¿Y al revés?
- ¿En qué partes de tu ser lo sientes? ¿Puedes desplazarlo de una parte a otra?
- ¿Puedes hacer que aumente o disminuya voluntariamente? No intentes reducirlo tanto que desaparezca del todo, pues aún queremos seguir jugando con él un ratito más. (¿Ha desaparecido? Vaya. Bueno, no pasa nada. Lo dejamos para la próxima vez).

3. Examínalo un poco más:

- ¿Qué come? ¿Qué pensamientos y qué historias desencadena? En otras palabras, ¿de qué pensamientos se alimenta? ¿Qué pensamientos le hacen crecer? ¿Y cuáles tienen el efecto contrario —qué pensamientos no te podrías permitir tener si quisieras mantener el mal humor—?
- ¿Y si no tuvieses forma alguna de librarte del mal humor, si fuese imposible deshacerse de él, si no hubiese esperanza?
- ¿Qué pasaría si no quisieras librarte de él, si quisieras que se quedase? «Por favor, no te vayas. Hagas lo que hagas, ¡quédate, por favor!».
- ¿Y si no tuvieses absolutamente ningún poder sobre él?
- ¿Y si le dieses la bienvenida completamente, con toda su fealdad?

4. Indaga:
    - ¿Quién está imaginando o representando el mal humor?
    - ¿Quién o qué es consciente de él?
    - ¿Qué es aquello que es consciente de todas las sensaciones que produce?
    - ¿Qué partes del mal humor no dependen del pensamiento para ser percibidas?
    - ¿Qué pasaría si los pensamientos, las historias, los diálogos internos, las conversaciones pasadas, los diálogos futuros —en otras palabras, todo aquello que tiene que ver con las palabras—, desapareciesen, quedasen en silencio o estuviesen en un idioma extranjero? ¿Qué partes del mal humor seguirían estando presentes? ¿Puedes experimentar el mal humor sin recurrir a las palabras?
5. Imagina:
    - ¿Y si el mal humor estuviese ahí para protegerte?
    - ¿Y si fuese un guardia grandote, fornido y obtuso que hubiese jurado no abandonarte nunca —desde que eras un bebé— y protegerte de todas las personas malas o peligrosas que podrían lastimar a un pequeño bebé indefenso y hacerle llorar? ¿Serías capaz de agradecerle al guardia sus servicios?
    - Vuelve a revisar esto: ¿Quién o qué es consciente del guardia?

Este es un ejemplo de diálogo que podrías tener contigo mismo: Sustituye *furioso* por *mal*, *triste*, o cualquier otro sentimiento.

—Estoy furioso.
—¿Cómo lo sabes?
—¿Qué quieres decir con que cómo lo sé?
—¿Cómo sabes que estás furioso?
—Pues, no sé. Sencillamente lo sé.

—Ya, pero ¿cómo lo sabes?
—Simplemente me siento furioso.
—¿Qué evidencias tienes?
—Tengo la mandíbula apretada.
—Ah, ahora sí que estamos progresando. ¿Qué más?
—Tengo la cara roja y caliente.
—¿Qué más?
—Tengo un nudo en el estómago.
—¿Algo más?
—Me rondan pensamientos sobre cómo causarle un gran daño físico a la otra persona.
—¡Ajá! ¡Fantástico!
—¿Cómo que fantástico?
—Sí. Quiero decir que es fantástico que hayas logrado averiguar cómo sabes que estás furioso. La mayor parte estaba en tu cuerpo, y otra parte en tus pensamientos.
—Sí.
—¿Cómo te sientes ahora?
—Bueno. No tan furioso. (O: «Todavía me siento furioso». Está bien en ambos casos).
—Genial.

Es mucha información, lo sé, pero dejar de estar enojado o de mal humor bien vale la pena el esfuerzo. En todo caso, si todo lo anterior es demasiado para ti, aquí tienes un juego mucho más sencillo:

Los estados de ánimo son como niños

- Imagina que todos tus estados de ánimo son niños a los que amas por igual. ¿Acaso no tiene el mal humor exactamente el mismo derecho a estar aquí que el bueno? Dale la bienvenida con los brazos abiertos, con todo tu amor y cariño. No le eches a un lado, no le hagas de menos, no le castigues ni le mandes a la cama sin cenar.

¿Qué es aquello que no requiere ningún esfuerzo?

Muchas enseñanzas de tipo espiritual mencionan la consciencia sin esfuerzo, pero en los juegos de consciencia sí que hay que hacer un pequeño esfuerzo. Se trata de encontrar la menor cantidad de esfuerzo posible para mantener la atención enfocada en la consciencia misma. Si hay mucho esfuerzo, la consciencia pura se nos escapará. Si no hay nada de esfuerzo, la mente simplemente comenzará a divagar en fantasías, en planes de futuro o en interminables repeticiones de acontecimientos pasados. Si hay demasiado esfuerzo lo más probable es que estemos intentando controlar nuestra experiencia. Por lo tanto, ¿cuánto esfuerzo es justo el necesario para mantener a la consciencia ligera y delicadamente centrada en sí misma, en lugar de en sus contenidos?

Pon la atención en la presencia sin esfuerzo

No obstante, sí que hay algunos fenómenos que no conllevan esfuerzo alguno. Estás presente. No tienes que esforzarte para estar presente. Existes. Estás aquí. Simplemente es así, no se requiere ningún esfuerzo.

Eres consciente. Las cosas aparecen en la consciencia sin necesidad de esfuerzo alguno. Los pensamientos aparecen sin esfuerzo. Las emociones y las sensaciones aparecen sin esfuerzo (a menos que quieras que aparezcan algunas en concreto en momentos determinados, lo cual no suele ser posible).

Puede ser divertido ser ligeramente consciente de las cosas que suceden sin esfuerzo, simplemente permitiendo que sucedan así —sin esfuerzo—, y reservar esa mínima cantidad de esfuerzo necesaria para ser consciente de la consciencia.

- Pregúntate: «Ahora mismo, en mi experiencia actual, ¿qué es lo que no requiere ningún esfuerzo?».
    - ¿Hace falta algún esfuerzo para oír?
    - ¿Hace falta algún esfuerzo para ver?
    - ¿Hace falta algún esfuerzo para sentir?
    - ¿Hace falta algún esfuerzo para pensar?
    - ¿Hace falta algún esfuerzo para ser consciente?

Otras observaciones sobre la no necesidad de esfuerzo

La consciencia sin esfuerzo frente a «ningún esfuerzo»:

No hace falta ningún esfuerzo para ver la tele, ni para sentarse y dejar que la mente divague.

Por el contrario, la consciencia sin esfuerzo requiere una cierta vigilancia, la mínima cantidad de esfuerzo necesario para mantener la atención en la consciencia pura (la cual, de por sí, no requiere esfuerzo) en lugar de en sus contenidos.

Es la mínima cantidad de esfuerzo necesario para no tener ninguna intención salvo la de permitir que todo sea tal y como es; la menor cantidad de esfuerzo necesario para retirar la atención de las palabras y en su lugar dirigirla al silencio que es anterior a ellas; la menor cantidad de esfuerzo necesario para mantener la atención en la experiencia directa en lugar de en experiencias imaginadas sobre el pasado y el futuro; en la realidad real en lugar de en la realidad virtual de los pensamientos; ser, en lugar de pensar.

Así que la consciencia sin esfuerzo no significa que no tengamos que hacer nada. No se trata de renunciar a la acción personal, sino más bien de reconocer la consciencia sin esfuerzo que ya existe —la consciencia pura y sin elección—. El ser puro es sin esfuerzo, pero tenemos que poner de nuestra parte para llegar a reconocerlo.

¿Qué es el pensamiento?

Esta es una muy buena pregunta para retirar la atención de los contenidos del pensamiento, los cuales nunca conseguirán hacernos felices sino que más bien quieren arrastrarnos en la dirección contraria, porque su objetivo siempre es descubrir qué es lo que hay que cambiar y cómo cambiarlo.

Sin embargo, preguntarnos *qué es* el pensamiento hacer que nos salgamos del mismo. Ahí es donde está lo realmente valioso.

- ¿Qué es el pensamiento?
- ¿De dónde viene?
- ¿En qué aparece?
- ¿De qué está hecho?
- ¿Aparece por sí mismo?

Recuerda que no se trata de responder a estas preguntas con hechos —eso se los dejamos a los neurocientíficos (y que conste que yo soy un gran fan de su trabajo)—, sino que más bien están diseñadas para girar 180° el foco de tu atención —de los conceptos al espacio en el que estos aparecen—. Si lo que quieres es salirte del pensamiento, no puedes limitarte a crear pensamientos sobre el pensamiento —es decir, más pensamientos—. En lugar de eso, has de tratar de salir del pensamiento a través de lo que *sientes* y, una vez ahí, ser aquello en lo que aparece el pensamiento. (O, mejor aún, la nada en la que aparece el pensamiento).

El siguiente juego es una divertida variación de este...

Percibir y experimentar

Si ser consciente de la consciencia no te funciona, juega con «percibir» o con «experimentar».

En otras palabras, pregúntate: «¿Qué estoy percibiendo?», y «¿Quién o qué es el que percibe?».

O también: «¿Qué estoy experimentando?», y «¿Quién o qué es el que experimenta?».

¿Quién está percibiendo eso?

- Procura hacerte esta pregunta siempre que te acuerdes: ¿Quién está percibiendo eso?... Y ¿quién está percibiendo eso?... Y ¿quién está percibiendo eso?

Percibir sin palabras

- ¿Qué puedo percibir sin palabras?

O esta variante:

- ¿Qué puedo percibir sin poner etiquetas a las cosas?

¿Quién está experimentando esto?

O «¿Quién es consciente de esto?», o «¿Quién está percibiendo esto?»

- ¿Quién o qué está experimentando...
    - los sonidos?
    - las imágenes?
    - las sensaciones corporales?
    - las emociones?
    - los pensamientos?
    - la consciencia corporal?
    - el sentido de uno mismo?

Observa a los perros labradores

Iba a llamar a este juego «Zen para perros», pero ese nombre ya está cogido. (Ver la sección «Lecturas y vídeos recomendados»).

En cierta ocasión, cuando estaba visitando a unos amigos que tenían una casa en el campo, me pasé un buen rato jugando con su perro Buddy, un labrador dorado (llamados en inglés *golden retriever* por su disposición a buscar y cobrar las piezas de caza). Buddy había llevado su naturaleza de *retriever* hasta un extremo ciertamente obsesivo. Tenía una piedra que había cogido del jardín, una piedra lisa y del tamaño justo para poder llevarla en la boca. Siempre que tenía ocasión, buscaba a cualquier que pareciese un ser humano y le soltaba la piedra a sus pies. Como yo era nuevo allí y aún no estaba harto de este juego, ese día me eligió a mí. Cogí la piedra y se la lancé a unos árboles cercanos. Buddy fue corriendo, la encontró, volvió en un suspiro y depositó la piedra a mis pies así que volví a cogerla y lanzarla de nuevo. Una vez más, Buddy la recogió y me la puso nuevamente cerca de los pies. Si me alejaba, Buddy la cogía, me seguía y la volvía a dejar a mi lado cuando me paraba nuevamente. Si no cogía la piedra y se la volvía a lanzar, me empezaba a incordiar dándome empujones en la pierna con el hocico, gimoteando lastimosamente o, a veces, incluso ladrando. Daba igual cuántas veces se la lanzase, él nunca se cansaba de ir a coger la piedra. No parecía que tuviese otra opción. Al fin y al cabo, era un *retriever*, por lo que en su naturaleza estaba el ir a buscar cosas y traerlas de vuelta, así que eso es lo que hacía.

Años más tarde, me di cuenta de que yo mismo tenía varios patrones de pensamiento recurrentes que se comportaban del mismo modo que Buddy —es decir, que, pasara lo que pasara, se dirigían una y otra vez de forma compulsiva hacia algún objetivo—. Uno de ellos era: «¿Cómo voy a arreglar mi vida?», y sus variantes: «¿Cómo puedo ganar más dinero?». «¿Cómo puedo mejorar mi carrera?».

Otro patrón de pensamiento de tipo *retriever* era el que me decía: «No me gusta lo que siento. ¿Cómo puedo hacer que este sentimiento desaparezca y asegurarme de que nunca vuelva a aparecer?». Y otro más: «He hecho algo mal. ¿Cómo puedo conseguir que nadie se dé cuenta, o, al menos, que no parezca que ha sido culpa mía?», o: «¿Cómo puedo evitar las críticas y recibir únicamente elogios?».

Estos pensamientos de tipo *retriever* son totalmente automáticos. No soy yo quien decide tenerlos —si pudiera, decidiría no tenerlos nunca—. Pero los pensamientos de tipo *retriever* no se cansan nunca y surgen una y otra vez; siempre están listos para darme empujoncitos con el hocico para llamar mi atención.

Pues bien, el juego es el siguiente:

- Observa aquellos pensamientos que se comporten como un *retriever*.
- Fíjate en que se producen automáticamente.
- Date cuenta de que no son tú.
- Identifícate con ese yo mayor o superior que es consciente de ellos.
- No intentes detenerlos, déjales que busquen y traigan lo que tengan que traer —es lo que hacen los *retrievers*— mientras tú te limitas a percibirlos, a ser consciente de ellos y a darte cuenta de que no son tú. Tú eres muchísimo más grande y muchísimo más espacioso.

Por supuesto, hay una cosa que no he mencionado. No has de seguir cogiendo y lanzando la piedra. Buddy te incordiará, te dará empujones, gimoteará y tratará de engatusarte durante un rato, pero llegará un momento en el que se dará por vencido.

Una mente resbaladiza

- Imagina que tu mente es una superficie muy lisa y resbaladiza, sin paredes, vallas, ni nada a lo que poder agarrarse.
- Cuando aparece un pensamiento, no puede permanecer, porque la superficie es demasiado resbaladiza. Simplemente se desliza a toda velocidad y cae por el otro lado.
- Hay veces en las que tenemos un pensamiento que nos da vueltas y vueltas en la cabeza antes de deslizarse y caer. Cuando notes que te está pasando esto, simplemente inclina un poco la superficie lisa, y el pensamiento resbalará y acabará cayendo por el lado opuesto.

No trates de controlar los pensamientos que lleguen. Tan solo limítate a dejar que cualquier pensamiento que quiera entrar, entre. Luego deja que vaya resbalando por sí mismo hasta que desaparezca y espera a que aparezca el siguiente.

La imagen mental que uso para este juego es la de uno de esos discos giratorios de los antiguos parques de atracciones. El de mi infancia es el que había en Playland, en la ciudad de Rye, Nueva York, el cual tenía la forma de un disco de vinilo gigante y un suelo muy pulido de madera. Los niños nos sentábamos en él cuando estaba parado y luego tratábamos de mantenernos ahí sin caernos cuando empezaba a girar. Llegaba un momento en el que salíamos despedidos por el borde debido a la fuerza centrífuga. Algunos decían que el suelo también daba unas pequeñas descargas eléctricas al azar, por lo que quienes conseguían quedarse en el disco gracias a la fricción de la ropa daban un brinco al sentir la descarga y también acababan cayendo fuera de él.

- Así es que, si notas que hay algunos pensamientos que se han quedado fijos en tu mente resbaladiza —y que no hacen más que darle vueltas a lo que te estén diciendo—, siempre puedes darles un empujoncito con una pequeña sacudida y ver cómo se deslizan y acaban cayendo fuera de ella.

El bloque sólido de la consciencia

La consciencia es una única cosa

Cuando te preguntas: «¿De qué soy consciente?», la respuesta habitual puede ser algo como: «De los sonidos que hay fuera, de lo que siento en el cuerpo, de la temperatura de la habitación, de mis pensamientos, etc.».

- ¿Y si en lugar de pensar en la consciencia como un catálogo de elementos dispares, pensaras en ella como en una única cosa sólida, como un solo bloque de consciencia, o una sola lámina rígida y uniforme de consciencia?
- Trata de incluir verdaderamente todo lo que aparece en tu consciencia en este momento.
- Si te ayuda, imagina que todo está incluido en un mismo marco formando parte del mismo cuadro, en una única pantalla de cine o de televisión o en una única esfera tridimensional.

Aquí tienes una divertida variación de este juego...

La batidora

Receta para un plato de un único sabor

Coge todo lo que haya ahora mismo en tu consciencia y mézclalo en la batidora para hacer con todo ello un delicioso batido.

- Vierte en el recipiente de la batidora todas las imágenes que veas.
- Agrega todos los sonidos que oigas.
- Añade a cucharadas todas tus sensaciones corporales.
- Espolvorea todo lo que estés oliendo o saboreando.
- Con un cucharón, añade todos sus sentimientos y emociones.
- Rocía por encima todos tus pensamientos.
- Bátelo... ¡Y disfruta!

Realidad real frente a realidad virtual

En alabanza a la experiencia directa

¿Qué es la experiencia directa? Es todo lo que percibimos en este momento a través de los sentidos, y nada de lo que recordamos, imaginamos, conceptualizamos o verbalizamos.

Es una realidad real, en contraposición a la realidad virtual.

La realidad virtual incluye fantasear, soñar despierto, reflexionar y la mayor parte del pensamiento automático.

Así que, este es el juego:

- Fíjate en tu experiencia directa.
- Fíjate en todo lo que tenga que ver con ella.
- Obsérvala sin etiquetar con palabras nada de lo que contiene.
- Siente la experiencia, el puro experimentar.
- Intenta encontrar a ese que experimenta.

Algunas indicaciones para ayudarte a darte cuenta de que estás en una realidad virtual en lugar de estar en la experiencia directa:

Estás recordando un acontecimiento pasado.

Estás imaginando el futuro.

Estás pensando en el último pensamiento que has tenido.

Estás ignorando tus sentidos.

Estás tratando de modificar de algún modo tu experiencia.

Para vivir plenamente en la realidad presente hace falta tener curiosidad, una mente abierta y una intimidad franca y honesta con toda experiencia, así que, mientras juegues a este juego, deja tus opiniones y conclusiones en la puerta.

Sé consciente del siguiente trance

Directamente relacionado con el juego anterior

La realidad virtual (tal y como yo la he definido) es como una especie de trance. Para poder despertar de un trance primero has de ser capaz de reconocer cuándo estás en trance y cuándo no.

Así es como puedes hacerlo:
- Observa si se da alguna de estas pistas que te indican que estás en trance:
    - estás perdido en tus pensamientos
    - estás imaginando un acontecimiento futuro
    - estás reviviendo un acontecimiento pasado
    - estás pensando en cómo arreglar o cambiar algo
- No estás en trance cuando:
    - eres consciente de alguna de las cosas de la lista anterior
    - eres consciente de todo lo que aparece ahora mismo en la consciencia
    - eres consciente de la consciencia misma

Cuatro juegos ultrasencillos

Intenta no hacerlo

- Tan solo durante unos minutos...
    - Intenta no querer nada.
    - Intenta no conseguir nada.
    - Intenta no lograr nada.
    - Intenta no planear nada.
    - Intenta no hacer nada.
    - Intenta no pensar en nada.

Prueba a hacerlo, solo por ahora, solo por un momento. Más tarde, siempre puedes volver a querer, conseguir, lograr, planificar, hacer y pensar... Si es que así lo deseas.

El juego del «sí»

- Dile «sí» a todo lo que aparezca en tu mente.
- Incluso a tu mente diciendo «no».

No importa cuál sea el contenido de la mente. Simplemente deja que lo que tenga que llegar, llegue, y dile: «Sí».

Simplemente no lo hagas

- Obsérvate a ti mismo haciendo algo.
- Y, entonces, no hagas nada.

Pero... ¿jugar a un juego no es ya hacer algo? ¡Alerta: Paradoja! No trates de resolverla.

Sin pensamientos

- Imagina cómo sería no tener ningún pensamiento.

Juego para dos

Aquí tienes un juego al que puedes jugar con otra persona. Podéis turnaros para hacer alternativamente del jugador A y el jugador B.

- El jugador A le pregunta al jugador B: «¿Qué eres?».
- El jugador B responde.
- Independientemente de lo que conteste el jugador B, el jugador A le replica: «Eso no es lo que eres».

Algunas posibles respuestas del jugador B son: «Soy una mujer», «Soy un hombre», «Soy <pon aquí tu nombre>», «Soy este cuerpo», «Soy la otra persona que hay en la habitación», «Soy mis pensamientos», «Soy lo que siento». En este juego, todas estas respuestas son «incorrectas».

Algunas posibles respuestas del jugador A son: «No», «Tú no eres eso», «Lo siento», «Sigue intentándolo». Siempre que A tenga cierto tacto y sensibilidad, B también debería mostrarse correcto y agradable. Si A y B se conocen bien y tienen confianza el uno en el otro, el diálogo puede ser mucho más desenfadado y rudimentario —con un vocabulario más de andar por casa—.

El jugador B no ha de intentar hacerlo bien, de tratar de dar la respuesta correcta o de evitar cualquier respuesta «incorrecta», sino simplemente dar cuenta de lo que le parezca ser en ese momento.

Libera el mundo

¿Quieres liberarte a ti mismo? Entonces, primero libera al mundo

- Libera al mundo de los juicios que tienes sobre él.
- Libera al mundo de las opiniones que tienes sobre él.
- Libera al mundo de las expectativas que depositas en él.

¿De verdad esto es un juego? Tal vez no. Puede que más bien sea una especie de descanso o de tiempo muerto durante el cual dejas de hacer de árbitro.

Aquí tienes algunos otros juegos que también son como un tiempo muerto...

El día del juicio

Quizá sería mejor llamar a este juego «Sé consciente de los juicios». La idea no es juzgar o no juzgar, sino simplemente ser consciente de los juicios.

- Durante un día, date cuenta conscientemente de cada vez que juzgas algo, a alguien o a ti mismo.
- No tienes que hacer nada al respecto. Es decir, no es necesario que expreses el juicio, ni que lo detengas, ni que te culpes por tenerlo.
- Simplemente limítate a decirte a ti mismo: «Estoy juzgando», o «Soy consciente de que estoy juzgando», o «¡Ahí voy de nuevo! ¡Otra vez juzgando! Curioso, ¿verdad?».

El día del no-juicio

Para jugadores avanzados

- Durante un día, no juzgues a nada ni a nadie, incluyéndote a ti mismo.
- Si eso te resulta demasiado difícil, prueba solo con medio día, una hora o un minuto.

Y recuerda que no se trata de excusar todos los males ni de que aquellos que se saltan las reglas y hacen daño a los demás no tengan que ser castigados por ello. Simplemente significa que, por un día, trates de no juzgarles si lo hacen.

Lo cual también vale para el siguiente juego...

Perdona

- Perdona todo, sin importar lo que sea, a todo el mundo, incluyéndote a ti mismo.
- Perdónate por todo lo que acabas de hacer, por todo lo que estás haciendo ahora o piensas hacer en el futuro.

Es posible que esto te haga pensar algo como: «Vaya... No deberíamos perdonarle todo a la gente. De hacerlo así, ¡el mundo estaría lleno de sociópatas que harían lo que les diese la gana!». En ese caso, recuerda que a alguien que ha perdonado todo a todo el mundo, incluyéndose a sí mismo, le resulta imposible comportarse como un sociópata —ni tan siquiera como una variedad más común y corriente, es decir, como una mala persona—. Al contrario; quien se perdona todo a sí mismo y a todos los demás no puede evitar amar incondicionalmente. De hecho, se convierte en el amor mismo.

Eschumar

Eschuma el momento, eschuma la situación, eschuma el patrón de pensamiento

Eschumar es un poco como hacer todos los juegos de consciencia a la vez.

A eschumar lo llamo eschumar porque no hay ninguna palabra que incluya todas las cosas internas que se pueden hacer para convertir un momento difícil en un momento alegre y gozoso. Se trata de una actividad compleja, pues implica hacer varias cosas a la vez, pero si las practicas de forma individual, todas ellas acabarán convirtiéndose en tu segunda naturaleza, por lo que en realidad sí que es posible hacerlas todas a la vez.

Eschumar se compone de los siguientes elementos:

1. Relájate.
   Suelta cualquier tensión, agarrotamiento o resistencia interna.

2. Déjalo estar.
   Permite que todo sea tal y como es. Deja de buscar el modo de cambiar las cosas —cualquier cosa: la situación, a los demás, a ti mismo, tus pensamientos y sentimientos, los pensamientos, sentimientos y opiniones de los demás, el mundo que te rodea, etc.—.

3. Sé consciencia.
   Da un paso atrás y sé el trasfondo. Identifícate con la consciencia pura.

Un ejemplo de eschumamiento:

Alguien se interpone en tu camino o te corta el paso y tú te sientes molesto por ello (puede ser mientras conduces, en un supermercado, en el metro, en el autobús, en un evento deportivo, etc.). Empiezas a pensar que esa persona no debería haber hecho eso. Puede que hasta le reprendas por ello. Tal vez incluso te sientes mal por pensar de este modo o por cómo has reaccionado. ¡Eschuma el momento!

Dite a ti mismo: «¡Eschum!», porque tú sabes que eso significa: «Relájate físicamente y suelta toda la tensión interior, acepta el momento exactamente como es y sé consciente de la consciencia que está siendo consciente de todo lo que está ocurriendo».

Durante un tiempo, prueba cada elemento de forma separada, hasta que puedas llevarlo a cabo sin pensarlo demasiado. Luego, vete añadiendo los demás uno a uno, hasta que cada «¡eschum!» abarque todos los elementos del eschumamiento.

Si no te gusta la palabra *eschumar*, invéntate otra tú mismo. O prueba con *Ahh... Mmm... dandiblandilizar* o algo así. Lo que más te guste que signifique relajarte, permitir y «conscien-ciar» —incluso podrías denominarlo *RPC*—.

Puedes eschumar algo que acaba de ocurrir, eschumar la situación en la que te encuentras, eschumar un pensamiento o un recuerdo que aparezca de pronto, eschumar un juicio de valor que se presente —sobre ti mismo o sobre los demás—, eschumar una persona, una historia de las noticias, una emoción...

Y no tienes por qué limitarte a eschumar las cosas malas. ¿Por qué no eschumar también las cosas buenas? Lo único que tienes que hacer es sustituir *permitir* por *apreciar* y... ¡voilá!, ya estás eschumando también las cosas positivas.

Si llevas a cabo los tres elementos del eschumamiento por completo en un momento dado, lo convertirás en un momento de alegría y paz. Y si eschumas tan a menudo como te sea posible y llegas a convertirte en un maestro eschumador, los momentos eschumados se unirán como pompas de jabón haciendo que tu vida se convierta en una gran eschumifiesta.

El juego supremo

Sé

¿Te has percatado de que todos los juegos en realidad no son más que distintas variaciones de este?

1. Permanece en paz con lo que sea que esté ocurriendo ahora.
2. Sé consciencia.

En otras palabras:

A) Relájate y deja de controlar.

B) *Retira la atención de:*
cómo debería cambiar el mundo externo para que tú pudieses conseguir lo que deseas...
y dirígela a:
lo que sea que hay dentro de ti que nunca cambia, aquello que nunca jamás ha cambiado; aquello que percibe y experimenta el mundo externo y que siempre lo ha hecho.

Porque cuando diriges tu atención a ese testigo interno, te relajas y te das permiso a ti mismo para vibrar en armonía con el mundo y, por lo tanto, fluyes con más facilidad.

Así es que...

- Sé el trasfondo.
- Tan solo sé.
- Sé.
- Básicamente, se trata de eso, de ser.

Consejos y trampas

La mente

¿No es cierto que la mente siempre quiere tomar el control y pensar, pensar y pensar sin parar? Bueno, esa es su función. ¿Quién podría culparla por ello? Cuando estamos jugando a los juegos de consciencia, al igual que cuando meditamos, a la mente le gusta usurpar la consciencia y reducir su campo de acción. Es algo natural que a buen seguro te pasará a ti también —le ocurre a todo el mundo—. Y seguirá ocurriéndote una y otra vez, pero déjalo estar. Cada vez que la mente hace eso y tú *te das cuenta* de que lo hace, es como si estuvieses ganando en un minijuego de consciencia. Simplemente limítate a incluir también a los pensamientos junto con el resto de los contenidos que haya en tu consciencia y retrocede a la consciencia pura en sí misma.

Al principio es fácil, pero luego se vuelve más complicado

Cuando comiences a familiarizarte con los juegos y a cogerles el tranquillo y veas que, al jugarlos, te invade esta adorable sensación de estar feliz y contento sin motivo aparente, te darás cuenta de que cuando dejas de jugar, la sensación puede permanecer o no —especialmente cuando los retos y los asuntos de la vida requieren que pongas tu atención en resolver un problema particular, o cuando desencadenan una sensación de miedo, ansiedad u otra emoción no deseada—. Se trata de algo natural

Ser la consciencia es una habilidad que primeramente has de aplicar en situaciones fáciles y cómodas, para después ir probándolo en otras más difíciles y complicadas. La idea es que llegue un momento en el que permanezcas identificado con la consciencia pura en todo momento, pero no te castigues si esto no sucede de inmediato. Tan solo sigue jugando, y con el tiempo estará cada vez más y más presente durante más tiempo y en situaciones cada vez más difíciles.

Repetición

Uy uy uy... ¡Hay tantas repeticiones en esto de los juegos de consciencia! Sí, es cierto. Aunque en realidad tan solo hay un juego y todos los demás no son más que intentos de llegar a lo mismo desde distintos ángulos. Un enfoque concreto puede ser justo el que alguien necesita en un momento dado, pero a otro puede dejarle totalmente frío. Además, hay que golpear la piedra muchas veces para lograr agrietarla.

Recordatorios de consciencia

Lo principal es que te acuerdes de jugar a estos juegos tan a menudo como te sea posible, por lo que puedes establecer una serie de recordatorios personales. Por ejemplo, si te gusta jugar al juego de «Sentir la música desde el interior», puedes establecer un recordatorio mental para que siempre que escuches una canción, una pieza musical, un tipo de música en particular, o, para el caso, cualquier tipo de música, te acuerdes de jugar a ese o a cualquier otro juego, aunque solo sea durante unos instantes.

En realidad, puedes hacer que casi todo se convierta en un recordatorio de la consciencia. Por ejemplo, entrar en una librería, ver una camisa o una camiseta de un cierto color, coger las cartas del buzón, oír el trino de un pájaro, o la bocina de un coche, beber un vaso de agua, etc. Si estableces una cantidad suficiente de recordatorios, llegará un momento en el que te lo estarás recordando a ti mismo durante todo el día, por lo que también disfrutarás de ser la consciencia durante todo el día y todos los días.

Pon la lógica a un lado

No luches contra la lógica. A mí me encanta la lógica —y soy bastante bueno en cuestiones que requieren su uso—. La lógica es muy práctica para muchas cosas, pero no resulta demasiado útil cuando se trata de los juegos de consciencia, pues aquí lo que estamos tratando de hacer es experimentar o sentir directamente lo que hay detrás del pensamiento, y el pensamiento lógico y conceptual puede eclipsar ese propósito. Es un poco como si estuviéramos en un museo abarrotado de gente un domingo y quisiéramos ver los cuadros de los nenúfares de Monet; sencillamente hay demasiada gente interponiéndose como para que podamos verlos.

Así es que cuando notes que la parte lógica de tu cerebro se activa, simplemente dile: «Sí, claro. Es verdad. Gracias», y vuelve a poner la atención en quien se está dando cuenta —quien está siendo consciente— de ello.

Por ejemplo, yo muchas veces pienso cosas de este estilo: «Dices que todos somos uno, pero lo cierto es que veo a través de mis ojos y no a través de los tuyos o de los de Fred, lo cual demuestra que yo estoy separado de ti y de Fred». Cuando empieces a tener pensamientos como este, dite a ti mismo: «Sí, claro. Es verdad. Gracias», y luego pregúntate: «¿Quién o qué está teniendo este pensamiento? ¿Qué es aquello que es consciente de este pensamiento? Y, para empezar, ¿qué es la consciencia? ¿Qué es lo que lleva a cabo la "consciencia-ción"?».

Trampas

Trampa Nº1: Esforzarse. No se trata de alcanzar un estado avanzado o elevado esforzándote más, siendo más disciplinado o concentrándote más. De hecho, este esfuerzo puede ser justo el obstáculo que se interpone en tu camino y que te impide sentir la consciencia y simplemente dar un paso atrás y ser la consciencia pura en sí misma.

Trampa Nº2: Querer arreglar las cosas. Si te centras en cambiar, modificar, corregir o arreglar el contenido de la consciencia, es casi imposible que sientas la consciencia pura en sí misma. Así que, al menos mientras estés jugando a estos juegos de consciencia, limítate a notar, percibir o darte cuenta de qué es lo que hay en la consciencia, pero no trates de arreglarlo ni cambiarlo de ningún modo.

Trampa Nº3: Pensar demasiado. Lo cual incluye analizar, conceptualizar, filosofar y planificar cómo vas a describir tu experiencia en palabras más adelante, cuando ya no la estés teniendo.

Trampa Nº4: La seriedad. Es mucho más fácil si no te tomas nada de esto demasiado en serio. Al menos mientras estés jugando a estos juegos.

Trampa Nº5: Intentar librarte de lo que estás sintiendo ahora mismo. Aunque parezca contrario a la intuición, cuando juegas a estos juegos de consciencia para librarte de alguna emoción desagradable, o incluso para generar un sentimiento de alegría y felicidad, no funcionan. Limítate simplemente a jugar con el hecho de ser consciente de la consciencia misma, y la felicidad se revelará por sí misma, independientemente de lo que sientas —y sin tener ninguna relación con ello—. (Está muy bien podría ser la trampa Nº1).

Algunas reflexiones finales

La iluminación

Ya he mencionado al principio del libro que no me considero una persona iluminada. Para mí, una persona iluminada es alguien que ha visto a través de la ilusión de ser una persona separada, y lo cierto es que yo aún me siento como una persona separada, aunque me da la sensación de que la consciencia pura que hay en mí es idéntica a la consciencia pura que hay en todos los demás, y cuando pienso que podría ser la misma consciencia universal, me invade una sobrecogedora sensación de asombro, alegría y felicidad.

Todavía tengo días malos, días en los que gruño por todo, días neuróticos... Pero lo cierto es que ahora estos estados de ánimo ya muy rara vez me duran tanto tiempo: sería mejor llamarlos horas malas, o pequeños arrebatos de malhumor. Sin embargo, de vez en cuando, sí que me duran todo un día, o incluso más. Aún así, cuando aparece alguna emoción —de las así llamadas— «negativa» y me pongo a jugar a algún juego de consciencia, tarde o temprano siempre acabo sintiéndome mejor, y, de alguna manera misteriosa, las cosas también parecen ir mejor. Puede que esto no ocurra necesariamente de inmediato, pero siempre acaba siendo así.

Cuando tengas alguno de estos días malos, algún episodio de angustia o tristeza o algún ataque de furia, ámate a ti mismo por ser humano y ponte a jugar a tu juego de consciencia favorito. Si en ese momento, ese juego en concreto no te funciona, prueba con otro. Por supuesto, funcionan mejor si juegas únicamente por el mero hecho de jugar y no para tratar de deshacerte de tu mal humor.

Gradualmente, la sensación y el poso que te irán dejando los juegos de consciencia empezarán a impregnar por completo la forma que tienes de ver y de experimentar la vida. Así que, ¿por qué esperar a la iluminación? ¿Por qué no jugar con la consciencia ahora? Hazlo. Juega con frecuencia.

Y si en mi caso la ilusión de la separación acaba cayendo, publicaré una edición actualizada de este libro (si es que hay otra edición). En caso contrario, seguiré jugando para divertirme y para disfrutar de la vida tanto como me sea posible, y espero que tú también lo hagas.

Y tal vez, solo tal vez, ese yo que piensa que la consciencia está *dentro* de su mente, acabe comprendiendo que, en realidad, es él el que está *dentro* de la consciencia universal, junto con su mente y la de los demás.

Filosofía

Lo que aquí ofrezco no es filosofía, sino simplemente un montón de cosas para hacer; cosas que puedes probar para ver si tienen algún efecto en ti. La filosofía está muy bien y es crucial para la humanidad, pero no es relevante para los juegos de consciencia. Recuerda: la filosofía es el menú, no la comida. A veces incluso se parece más a una receta o a una crítica gastronómica de un periódico. Nada de eso puede sustituir al hecho de comer en sí.

Lo mismo vale para la metafísica.

Mejora personal

En lugar de intentar mejorarte a ti mismo, trata simplemente de divertirte.

Agradecimientos

La idea de los juegos de consciencia surgió de los juegos teatrales creados por la pionera Viola Spolin, y que yo aprendí (al igual que muchísimas otras personas) de mi madre, Lenka Peterson O'Connor. ¡Gracias, mami!

Mi más sincero agradecimiento a Gautam Belday, Christina Dacauaziliqua, Ray Gaspard, Tanya Goff, Mina Hai, Darren O'Connor, Glynnis O'Connor Stern, Debra Vogel y Elfin Vogel por leer los borradores iniciales, asistir a sesiones para probar los juegos y por sus consejos, su aliento, su amor y su amistad, y especialmente a Dana Cheng, quien desde hace mucho es una ardiente entusiasta de estos juegos de consciencia.

Quiero agradecer especialmente a Lindsay Stern por haber leído múltiples borradores de este libro y por ofrecerme sus enormemente útiles comentarios, por alentarme y por prestarse a tener grandes debates conmigo.

Igualmente, mi especial agradecimiento para Bridgit Dengel Gaspard, cuya inspiración, sabiduría y apoyo a nivel práctico y emocional —así como prestarse para probar los juegos— han contribuido de manera inconmensurable en la creación de este libro.

También me gustaría dar unas gracias muy especiales a Josh Yu, mi esposo, por su amor, por su apoyo, por ser mi alma gemela y por demostrármelo constantemente.

Muchas gracias a los maestros Stuart Schwartz y Loch Kelly, a quienes conozco personalmente y de quien he sido discípulo. Y también a los maestros Adyashanti y Rupert Spira, a quienes no conozco en persona y no tienen ni idea de quién soy pero que, no obstante, me han influenciado profundamente.

El hecho de agradecer y reconocer a estos maestros no implica de ninguna manera que cuente con su respaldo, permiso, *imprimátur*, transmisión, linaje o cualquier otra cosa que indique que soy un proveedor oficial de sus enseñanzas; todos los errores que pudiera haber en este libro respecto a la enseñanza, la filosofía o la forma de presentar los contenidos son pura y estrictamente culpa mía.

Eso sí, cuando sea mayor quiero ser como ellos. Hasta entonces, seguiré ofreciendo mi propia visión lúdica y desenfadada de lo que es ser la consciencia misma.

Lecturas y vídeos recomendados

Loch Kelly
Salto a la libertad: La ciencia y la práctica de la consciencia abierta de corazón (Sirio, 2017)
http://lochkelly.org/

Stuart Schwartz
http://www.satsangwithstuart.com/

Dogzen
http://www.sandoth.com/Dogzen.htm

Adyashanti
La danza del vacío (Gaia, 2014)
Meditación Auténtica (Gaia, 2014)
http://www.adyashanti.org/

Rupert Spira
Presencia Vol. I: El arte de la paz y la felicidad (Sirio, 2014)
Las cenizas del amor: Aforismos sobre la esencia de la No-Dualidad (Sirio, 2016)
http://rupertspira.com/

Enza Vita
Always Already Free: Recognizing the natural wakefulness we were born with (Baraka Publishing, 2015)
http://enzavita.com/

Bridgit Dengel Gaspard
http://www.bridgit-dengel-gaspard.com/

Diego Merino Sancho
www.diegomerinotraducciones.com

www.ingramcontent.com/pod-product-compliance
Lightning Source LLC
Chambersburg PA
CBHW071307040426
42444CB00009B/1916